信長と鉄砲

『信長公記』を読む

浅野忠夫

論創社

信長と鉄砲――『信長公記』を読む

浅野忠夫

論創社

はしがき

信長と鉄砲は切っても切れない関係にある。信長が尾張の国で誕生（一五三四）したのは、鉄砲が種子島に伝来する九年前である。この歴史的な偶然により、信長が尾張を統一し、京に駒を進める節目節目で、信長と鉄砲はあざなえる縄のごとく、からみ合い続ける。そして興味は尽きない。

三千挺の鉄砲を馬防柵《うまふせぎ》のうしろに三段に揃え、当時最強と恐れられた勝頼《かつより》率いる武田騎馬軍団を完膚なきまで打ち砕いた鉄砲の連射。「長篠の戦い」（一五七五）での鉄砲の活用。

信長が長篠での鉄砲の連射に到達するまでには、幾多の試行錯誤と命までも賭した長い道程がある。信長プラス鉄砲でいきなり「長篠の戦い」の勝利へと短絡できない。

信長の鉄砲活用の足跡を一つ一つ洗い直しながら、その歴史をたどることを思い立った。どんな成功も一時の思いつきで得られるものではない。成功の裏には幾重にも積み重ねられた実体験が横たわっている。

資料的に織田信長の生涯を語る上で最も信頼できる、太田牛一《ぎゅういち》（一五二七〜一六〇一以降？）の筆になる『信長公記《しんちょうこうき》』を下敷に、信長の鉄砲との係わり、鉄砲活用の変遷を忠実にたどることを試みた。世に膾炙《かいしゃ》している、信長の合理的・画期的な、しかも、独創的な鉄砲活用が突如「長篠の戦い」で開花したのではないことを確認したい。

『信長公記』から、鉄砲使用の記述を逐一拾い上げ、信長の鉄砲活用の進化を考察した。

参考文献は角川ソフィア文庫『信長公記』（奥野高広・岩沢愿彦校注）をベースにした。尚、文中に引用した本文は全て、上記からの抽出である。いちいち原典の再表記は省略した。現代語訳は、教育社『信長公記』上下（榊山潤訳）を使用した。

内容の拙さ、文章の不備をお詫びし、読者諸氏の建設的な御意見・御指導を期待する次第である。

原文引用の筆者の説明は全て（ ）で表示した。地名の注は最少限にとどめた。現地名は平成の大合併をベースに、大合併後の地名を基本に行った。筆者の出身地、尾張の中央に位置する岩倉市を中心に、同心円的に、遠ざかるほど正確性は劣ることを御容赦願いたい。ロサンゼルス（トーランス）在住の者としては、まあまあの出来と自負している。

漢字の読み仮名、特に人名についてはごく一般に流布している読み名を使用した。学術的な解釈を避け、常識に従った。

多くの読者に気軽に読んで頂けることに努めたつもりである。信長の同郷人として、信長との一体感を心掛けたつもりでもある。同郷の管見・偏見は、そのよしみと御理解下さい。

ロサンゼルスにて

信長と鉄砲――『信長公記』を読む　目次

第二部　『信長公記』巻一～巻十五の部

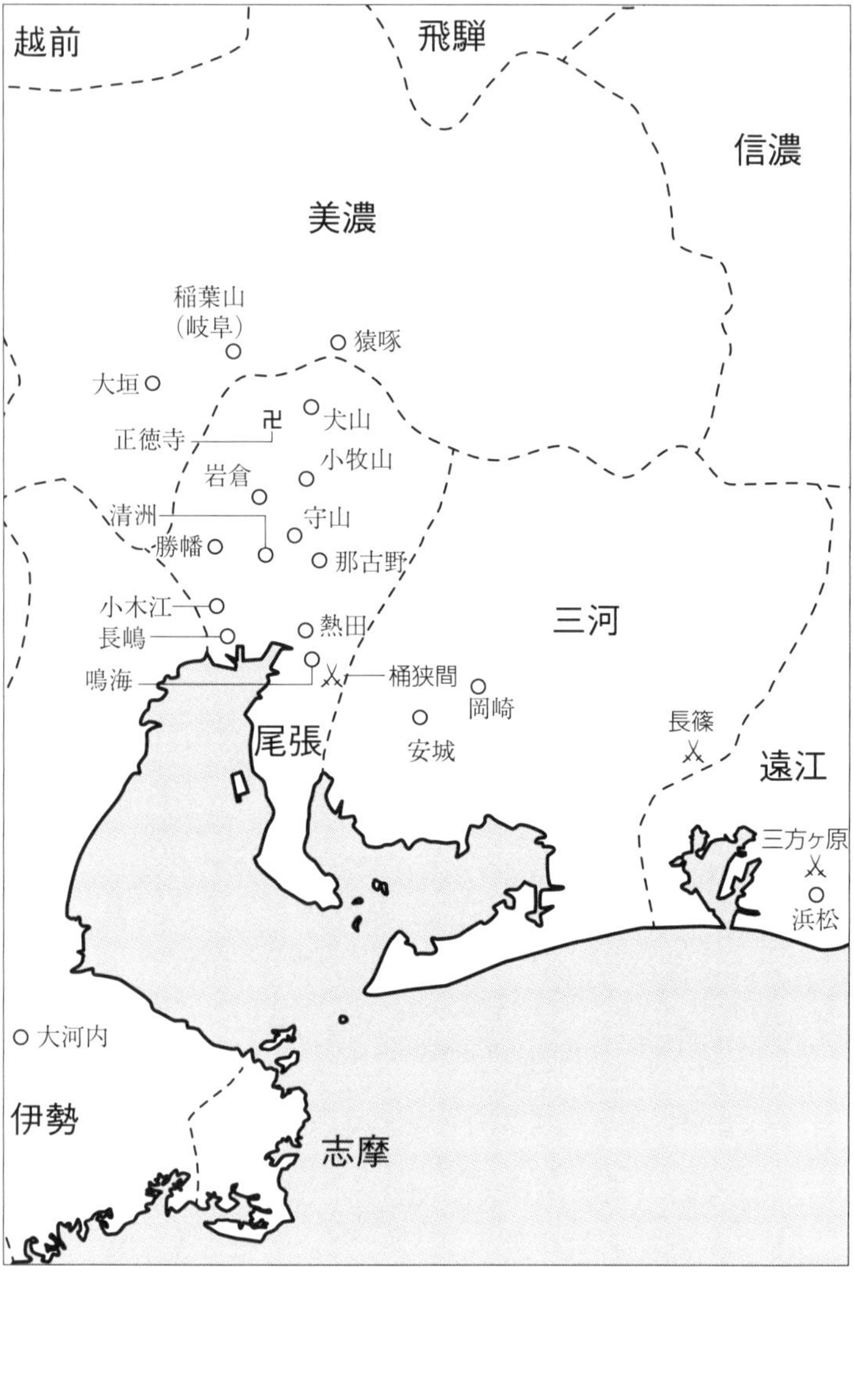

越前
飛騨
信濃
美濃
稲葉山
（岐阜）
猿啄
大垣
犬山
正徳寺
小牧山
岩倉
清洲
守山
勝幡
那古野
小木江
熱田
長嶋
三河
鳴海
桶狭間
岡崎
安城
尾張
長篠
遠江
三方ヶ原
浜松
大河内
伊勢
志摩

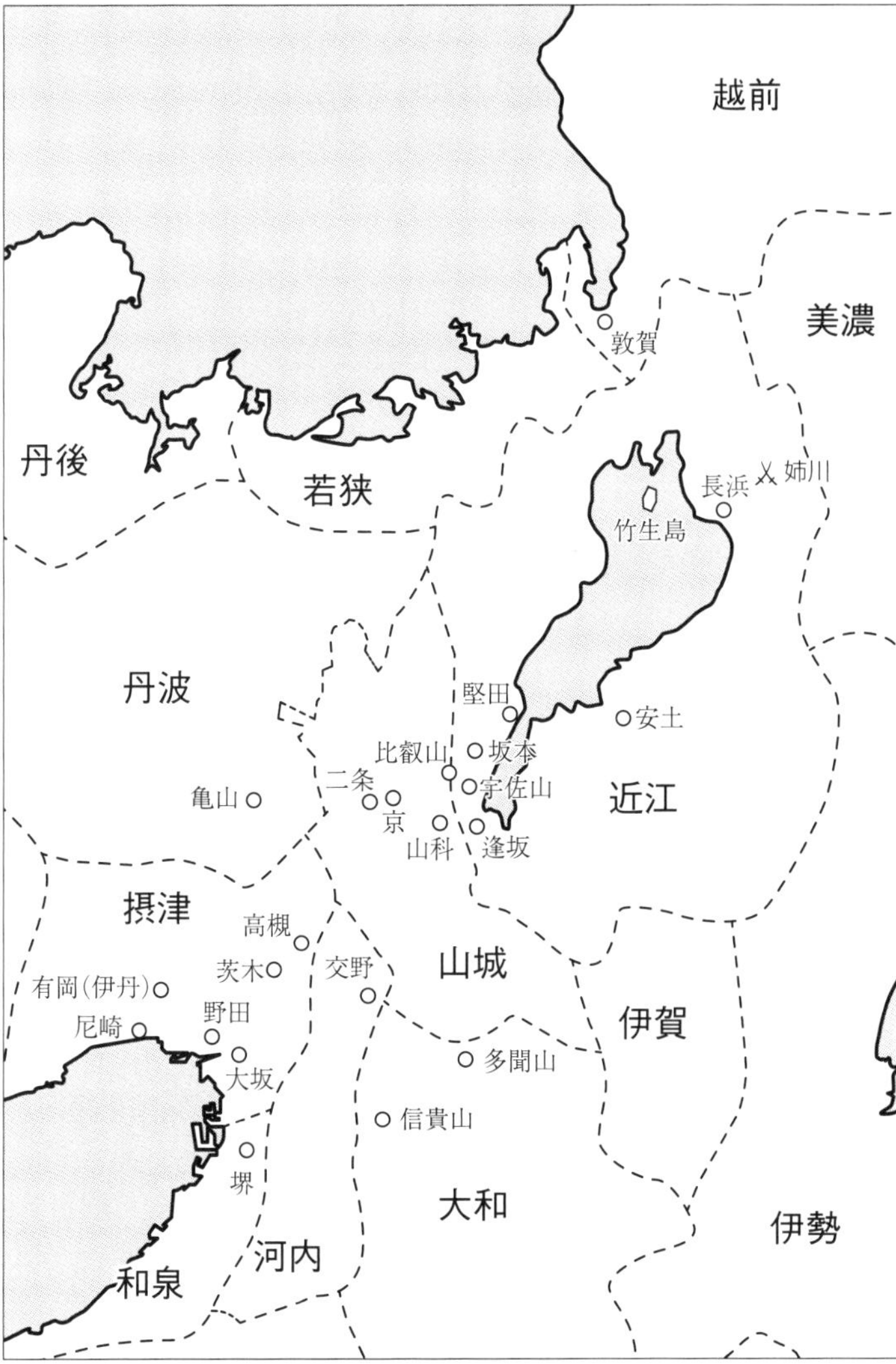
越前
美濃
敦賀
丹後
若狭
長浜
姉川
竹生島
丹波
堅田
安土
比叡山
坂本
二条
宇佐山
亀山
京
近江
山科
逢坂
摂津
高槻
山城
茨木
交野
有岡（伊丹）
野田
伊賀
尼崎
多聞山
大坂
信貴山
堺
大和
伊勢
河内
和泉

信長と鉄砲――『信長公記』を読む

第一部

『信長公記』首巻の部

『信長公記』の「首巻」は、信長三十四歳までの「上洛」以前の記録である。

1　信長と鉄砲の出会い

残念ながら、信長がどのような機会に鉄砲と出会ったかについては、「首巻」からうかがい識ることはできない。

2　信長の鉄砲指南役

首巻 七　上総介殿形儀の事

「首巻七、上総介殿（信長）形儀《ぎょうぎ》の事」の項で、信長の教育内容が書かれている。天文三年（一五三四）に誕生した信長に、「橋本一巴師匠として鉄砲御稽古」が記されている。この稽古の時期を信長元服後の、十五、六歳と仮定すると、鉄砲が種子島に、ポルトガル人によって伝来した、天文十二年（一五四三）から、わずか五、六年後である。（鉄砲の伝来については、近年新しい研究が進み、天文十二年の種子島伝来以前、倭寇によるという説もある。）

いずれにせよ、天文十七、八年（一五四八、九）頃、十五、六歳の信長に既に橋本一巴なる鉄砲の師匠がいたことになる。そして、このトレーニングの場所は那古野《なごや》城内、すなわち、現在の名古屋城の二の丸辺りである。

3　橋本一巴の素姓

一巴の名は、「首巻　七、二二、三四」に上げられている。

一巴についてはかなり詳しい系図が伝わっている。橋本氏は南朝の譜代で、宣都寺、寛勢、正秀、俊信、道求（一巴）、道一、道正、正太の八代、約一八〇年にわたって、現愛知県稲沢市の西のはずれ、片原一色町上方（日光川左岸、旧中島郡祖父江《そぶえ》町との境）の片原一色城（橋本伊賀守の古城跡）に居住していた。

寛勢は元々、愛知県海部《あま》郡の藤浪《ふじなみ》（現愛西市内）、信長の父織田信秀の居城勝幡《しょばた》城とは目と鼻の位置に住んでいた。後、片原一色に移り住んだ。

一巴の息子道一は、豊臣秀吉、加藤清正に仕え、朝鮮出兵に際しては一五〇人の鉄砲隊長を務めている。

片原一色城そのものは、元和元年（一六一五）廃城となった。

一巴は信長の父、織田信秀にスカウトされて、那古野で信長への鉄砲操作伝授をまかされたようである。

4 武器としての鉄砲による示威行動とその効果

首巻 十　山城道三と信長御参会の事

「首巻十、山城道三と信長御参会の事」によれば、信長は舅《しゅうと》である斎藤道三と美濃と尾張の国境の地、冨田の正徳寺（聖）で会見。隊列を組んだ信長の鉄砲、長鑓《やり》隊による示威行動は、十分にその効果を発揮した。

天文十八年（一五四九）、信長十六歳の四月、会見時の衣装にも鉄砲関連事項がうかがわれる。

御腰のまわりには猿つかひの様に火燧袋《かすいぶくろ》・ひようたん七つ・八つ付けさせられ、虎革・豹革四つかはりの半袴をめし、……

◎腰のまわりには猿つかいのように、火打ち袋・ひょうたん七つ・八つをお付けになり、虎革・豹革を四色に染め合わせた半袴を召されていた。

とある。火燧袋には当然火燧石（ひうち石）が入っており、火縄銃使用の準備と考えられる。無論ひょうたんには一回分ずつの火薬が入っていた。

5　正徳寺《(聖)》行軍の構成　首巻十　山城道三と信長御参会の事

長尺の鑓《やり》（三間半、約七メートル）と鉄砲隊の示威行為により、信長は間違いなく舅道三の度肝を抜く事に成功した。

また、「三間間中柄の朱やり五百本ばかり、弓・鉄砲五百挺もたせられ」（首巻十）とあることから、弓五百張、鉄砲五百挺ずつではなく、弓・鉄砲合計で五百挺である。弓・鉄砲それぞれの割合は、あるいはまだ弓の方の比率が高く、弓三百張、鉄砲二百挺ぐらいであったであろう。それでも、道三が目をむくほど十分な鉄砲の数である。

あるいは、鉄砲は飛び道具としてまだ弓と同列の扱いで、太田牛一は記述している。当時、弓と鉄砲が並列で述べられている事実を注目したい。天文十八年（一五四九）頃の合戦で鉄砲使用の記述はないから、合戦の武器としてまだまだ使い勝手では弓の方が優っていたことは明白である。

弓は何挺とは数えない。何張である。信長は既に、弓五百張、鉄砲五百挺揃えていたかもしれない。

してやられた斎藤道三は自国領に入るやいなや、斎藤氏の将来を案じており、やがてその不吉な予感は的中する。自分の息子が信長の軍門に降ることを予見している。

途中あかなべ（茜部）と申す所にて、猪子兵介《いのこひょうすけ》（後信長に従い、本能寺の変で討死している）、山城道三に申す様《よう》は、何と見申候ても　上総介（信長）はたはけにて候と申候時、道三申す様に、されば無念なる事に候。山城が子共、たわけが門外に馬を繋《つな》ぐべき事案《あん》の内にて候とばかり申候。自今已後《じごんいご》道三が前にてたわけと云ふ事申す人これなし。

◎途中、あかなべというところで、猪子兵介《いのこひょうすけ》（高就）が山城道三に「どう見ても上総介はたわけでござります」と申し上げると、道三は、「まことに無念なことである。この山城の子たちがあのたわけの門外に馬をつなぐ（家来となるの意）ことはまちがいないだろう」とだけ答えた。この後、道三の前で信長公を「たわけ者」と申す者は一人もいなくなった。

「たわけ」は道三の前では禁句となるまで、信長のあざやかな作戦勝ちである。

6 矢軍《やいくさ》の実例 首巻十二 深田松葉両城手かはりの事

尾張の守護斯波《しば》氏と守護代織田大和守系連合と、信長が名古屋市の西、庄内川右岸で衝突した。深田城、松葉城の戦いが、推定で天文二十一年（一五五二）、「首巻十二」に詳しく記録されている。

ここでは、

数刻の矢軍《やいくさ》に手負余多出来《あまたいでき》、無人《ぶにん》になり引退《ひきのく》所にて、赤林孫七……うたせ本城へ取入るなり。

◎数時間にわたる矢軍《やいくさ》で清洲方に負傷者が多数生じ、無人になって退くところを、赤林孫七・土蔵《とくら》弥介・足立清六がまた討たれ、敵は本城へ引き上げた。

と、相当激しい弓矢による合戦が繰り広げられ、戦場が死人により無人になる程の状況が生じている。城から兵が互いに繰り出し合った平地の合戦場での戦いは、飛び道具としての弓矢が主流である。信長・大和守両者共、鉄砲の使用は確認できない。

7 「赤塚の合戦」、主力は弓衆 首巻十一 三ノ山赤塚合戦の事

続く、天文二十二年（一五五三）、信長十九歳の年、尾張東部で今川義元方と激しく支配権を争った、鳴海（現名古屋市緑区内）の北赤塚での合戦のもようを確認してみよう。

激しい戦闘の様子が描かれている。

敵あひ五間・六けん隔て候時、究竟《くきやう》（屈強）の射手共《ども》互に矢をはなつ処、あら川与十郎、見上《みあげ》の下を箆《の》ぶかに射られて落馬したる処を、か丶り来つて、敵がたへすねを取て引くもあり、のし付のつかのかたを引くもあり。

◎敵との隔たりが五、六間になったとき、すぐれた射手たちがたがいに矢を放った。荒川与十郎はかぶとのひさしの下を深ぶかと射られて落馬したところ、敵兵が襲いかかり、すねをつかんで引っぱっていこうとする者もあり、また、のし付きの太刀の柄《つか》をにぎって引いていこうとする者もいた。

白兵戦の前には殺傷能力の高い、至近距離での矢合戦が行われている。五間・六間（九メートル〜十メートル）程の間隔である。このような射程距離内では弓による、連続速射がはるかに鉄砲の効率を上回っていた。「赤塚の合戦」で鉄砲の出番はない。

8　鉄砲射手としての信長　首巻十六　村木ノ取出攻めらるゝの事

翌天文二十三年（一五五四）、信長は舅斎藤道三に那古野城の留守中の用心の為、番手衆（自軍の城の警護隊）をたのみ、美濃の有力な武将安東伊賀守（安藤守就・伊賀定治美濃鏡島《かがしま》城主・現岐阜市内）を大将に、城番の援助を受けて、知多半島東部の緒川城経由で、その北に位置する村木砦攻略に向かった。

信長は強風下、熱田から知多半島に渡海している。

村木砦を北側を除く、東・南・西側三面から包囲し、信長自身は南面を受け持っている。この砦の南は広い幅の堀と高く築かれた土盛りで防備されていた。堀を渡って、この土盛りに取り付き何とかよじ昇ろうとする兵は頭上から、「撞落《つきおと》されては又は（い）あがり」を繰り返しながら、次々に傷つき、討ち取られていった。

ここで初めて、鉄砲の登場である。

信長堀端《ほりばた》に御座候て、鉄炮にて狭間《はざま》三ッ御請取りの由仰せられ、鉄炮取かへ〳〵放させられ、上総介殿（信長）御下知なさる、間、我も〳〵と攻上り、塀へ取付き、つき崩し〳〵、

◎信長公は堀端にいらっしゃって、鉄砲で狭間（城壁の窓）三つを分担する旨を仰せになって、鉄砲を取りかえひきかえ打ち放させられた。信長公ご自身が命令なさるので、われもわれもと攻めのぼり、塀へ取りついてはつき崩し、つき崩した。

鉄砲の使用方法と目的は非常に具体的である。まず、鉄砲の射手は信長一人である。標的は敵が弓で射撃する為の狭間（城や城壁に構築した射手の側を広くした窓）である。当時、作戦として、数ある敵の狭間を城や砦の外側から攻撃するに当って、攻める側は各自持ち場、あるいは分担場所を決めて、効率的に攻撃した。

信長は自らその狭間三箇所を受け持った。鉄砲は信長自身が個人的に、攻撃の手段として、敵方の狭間の中の弓の射手をねらい討ちする目的で使われている。発射手段が人の筋力から、爆発という化学的な応用手段に移行して行く革命的な戦いである。

信長は自分用として、鉄砲を数挺、あるいは十数挺用意して、小姓、あるいは、馬廻りの衆数人に、銃身のすす取り、玉込めなどを次々に準備させ、自らは一戦闘員として素早い射撃に専念し、連射できる体制を作った。射手、玉込めなど、数人による鉄砲連射の分業体制である。

信長は鉄砲の射撃を橋本一巴から長年訓練されており、命中率においても敵をひるませるに十分な技術を持っていた。これは、個人の技量が試される鉄砲の使用方法である。熟練した者のみが射手を務める方法である。

更に攻手側からの太田牛一の砦の描写から、射程距離は前出の「赤塚の戦い」の矢《や》軍《いくさ》による五・六間ではなく、二十間あるいはそれ以上の距離の射撃である。射程距離が伸びれば、的中率の低下もさることながら、肉体的に弓を引く疲労度も大きくなって行く。この点においても、鉄砲の優位性が信長自らの手によって証明された。

「村木砦の攻防」では、鉄砲が戦闘における武器としての実効性が高いことを、信長が自らの体験で実感した。しかし、二十一年後(一五七五)の「長篠の戦い」と異なり、鉄砲そのものがまだ斬新で高価であった事から、武器としては足軽階級まで波及せず、一部の特別に訓練を受けた者だけの、ごく限られた特権階級の武器であった。

9 信長の評判と鉄砲指南役 首巻二一 天沢長老物かたりの事

尾張国春日（井）原の西はずれ（現名古屋市北区内）、味鏡《あじま》村の天台宗天永寺の能化《のうげ》である天沢が、甲斐国で武田信玄と面談している。天沢は信長の日常生活を信玄に包み隠さず伝えている。

朝毎《ごと》に馬をのられ候。又鉄炮御稽古、師匠は橋本一巴《いっぱ》にて候。市川大介をめしよせ弓御稽古。不断は平田三位と申すもの近付けをかせられ、是も兵法にて候。

◎「信長公は毎朝馬に乗られます。また鉄砲のお稽古をなさいますが、師匠は橋本一巴でございます。市川大介をお召しになっては弓のお稽古、ふだん平田三位という人を側近くお置きになっておりますが、これも兵法でございます。

弓の稽古は市川大介、兵法は平田三位と合せて、鉄砲の稽古が取り上げられている。その後、天沢と信玄の会話は、信長趣味の幸若《こうわか》や鷹野《たかの》についての内容に及んでいる。信長にとっては、鉄砲の稽古が日々の生活の一部にしっかりと組み込まれていた。鉄砲を新しい武器として信長が着目した訳である。

鉄砲に関しては、「首巻七　上総介殿形儀の事」にある、信長の十六・七・八歳までの記述と重複している。

10　信長鉄砲を使い殿《しんがり》を完遂する

首巻三十　山城道三討死の事　首巻三一　信長大良より御帰陣の事

弘治二年（一五五六）、美濃では斎藤道三の後継者争いから、道三・義竜の父子骨肉の合戦に至った。この機に乗じて、信長は当時、美濃と尾張の境である及《および》（現岐阜県羽島市正木町南及《および》と岐阜県羽島郡笠松町北及《および》辺り）、足近川上流に出兵している。足近川は旧木曽川の本流に匹敵する。

しかし、舅道三討死の報が伝わり、及《および》を撤収し、及の南方大浦《おうら》で旧木曽川の一派流を渡川する際、信長は鉄砲を効果的に使った。

山城（道三）も合戦に切負け討死の由候間、大良《おうら》（大浦）御本陣迄引入るなり。爰にて大河（木曽川一派流）隔る事に候間、雑人《ぞうにん》・牛馬悉く退けさせられ、殿《しつはらい》は信長させらるべき由候て、惣人数こさせられ、上総介殿めし候御舟一艘残し置き、おの〳〵打越し候処、馬武者少々川ばたまで懸け来り候。其時、信長鉄炮をうたせられ、是より近々とは参いらず。

◎「山城道三がすでに合戦に負けて討ち死にした」と聞き、信長公は大良の本陣まで兵を引き下げられたのである。ここは大河を境としていることだからと、雑人・牛馬をみな後方へ退かせ、「しんがりは信長が引き受ける」と仰せになって、すべての兵を川を越して退かせ、信長公の乗る舟一そうを残しおいて、おのおの河を渡ろうとしたところ、敵の騎馬武者が少々、川べりまで駆けて来た。それを見て信長公は鉄砲をうたせたので、敵もそれ以上近くへはやって来なかった。

道三の死が伝えられ、信長は大浦《おうら》に置いた本陣を撤収する。まず、戦闘支援部隊、兵站《へいたん》部隊の渡川を終了、殿《しんがり》は信長が担当している。

逃げる信長勢に、義竜陣営が攻勢に転じた。騎馬集団が渡川場の信長に肉迫しようとした時、信長は鉄砲で反撃した。鉄砲の射程距離を隔てて、これ以上は近寄ることはできない。飛び道具としての鉄砲を発射したことで、斎藤義竜の騎馬兵は射程距離の直前で馬を反転せざるを得なくなる。特に撤退時、追撃を躱《かわ》す手段として鉄砲が威力を発揮した。攻撃する側から白兵戦に持ち込まれることを防いでいる。

攻撃面だけでなく、鉄砲が防戦用として活用された事例として、この大浦撤退は好例である。信長が無事清須《きよす》へ帰還した事は言うまでもない。

以後、信長軍は退却に際し、越前敦賀の金ケ崎、大坂野田・福島など、再三、鉄砲を追いすがる敵を引き離す手段として活用している。鉄砲の射程距離が弓のそれを上回っている。更に、連射においては射手の疲労度の点で、鉄砲の方がはるかに軽微である事が認知されていった。

11 弓対鉄砲の一騎討ち 首巻三四 浮野合戦の事

信長の尾張統一の最終段階で、尾張の北半分、つまり上の四郡（丹羽・羽栗・中島・春日井）の本拠地岩倉（現愛知県岩倉市内）攻めを敢行している。尾張国内で信長と競い合う最大勢力である岩倉方との小競合いは、何度も発生している。信長が実力を蓄えるにつれ衝突するのは当然の帰結である。何も、岩倉方が信長に反抗した訳でもない。織田の宗家である岩倉からすれば、信長の方が反逆者である。

永禄元年（一五五八）、いよいよ両者は全面衝突の局面を迎える。岩倉と清須の間は中小の河川が流れ、合流する軟弱な地形である。両軍共、足場の悪い湿地帯を避けて、岩倉の北西の浮野原（現愛知県一宮市千秋町浮野）に集結し、尾張勢同士による最終戦が繰り広げられた。

岩倉方からはおよそ三千の兵、信長方からもほぼ同数の兵力と、信長に呼応した犬山勢なども参戦する、まさに、尾張を二分する総力戦で、大合戦となった。

ところが、『信長公記　首巻』の描写はこの集団戦よりは、弓と鉄砲による一騎討ち、果し合いが劇画さながらに伝えられている。合戦に参加した尾張の大観衆の前で、二種類の武器が雌雄を決する歴史的な対決である。合戦における鉄砲の威力、有力な武器としての宣伝効果十分のデモンストレーションである。

歴史記述に冷静・沈着な太田牛一が、めずらしく、講談風で弓と鉄砲の実戦を語る。

新旧武器の比較があたかも、蒸気機関車と鉄道馬車の競争を髣髴とさせる。結果は武器としての鉄砲が完全勝利はしなかったものの、これからの武器は鉄砲であることが誰の目にも明かになった果し合いである。

爰《ここ》に浅野と云ふ村に林弥七郎と申す者、隠れなき弓達者の仁躰なり。弓を持ち罷退き候処へ、橋本一巴《いっぱ》、鉄炮の名仁《めいじん》（名人）渡し合ひ、連々の知音《ちいん》たるに依って……

◎このとき、岩倉方の浅野という村に林弥七郎という評判な弓達者がいた。弓を持ってしりぞいて来たところを、鉄砲の名人、橋本一巴が渡り合ったが、両人はかねがね親しい間柄であったので、……

弓の名人と鉄砲の名人、しかも、鉄砲の名人は信長自身の鉄砲の師匠である。大軍の面前で一騎討ちが披露された。旧守派の一方は従来の弓で、新興勢力の信長方は新規採用の鉄砲である。

鉄砲の威力を師匠自ら公に証明する機会が提供された。信長が師匠橋本一巴から鉄砲の訓練を伝授され始めて約十年、師匠が信長の目の前で鉄砲による果し合いをする機会が到来した。新旧武器交代の歴史的な分岐点である。

今まで、弓と鉄砲がほぼ同格の飛び道具としての扱いを受けて来た。浮野での一騎討ちの結果はほぼ相討ちで終った。しかし、この戦いで鉄砲から二の矢ならぬ二つ目の玉が一巴によって打ち放たれた。「首巻」は更に続く。

（林弥七郎は矢を）脇の下へふかぐと射立て候。もとより一巴も二つ玉をこみ入れたるつゝをさしあてゝはなし候へば、倒臥《たおれふ》しけり。

◎一巴の脇の下へ深々と射立てた。もとより一巴も二つ玉（弾丸二個）をこめた筒を肩にあてて放ったから、弥七郎はうち倒れた。

二番目の鉄砲玉は弓名人の林弥七郎に命中している。しかも、脇に矢が当ったにもかかわらず。弓も鉄砲もまだ即死させるだけの殺傷力はない。駆け寄って来た敵を林は太刀で相手の肘を小手を加えて打ち落している。鉄砲で重傷を負いながら、接近戦で太刀を振るっている。

以上が「浮野合戦」における鉄砲の実用状況である。

12　鉄砲による城攻め　首巻三五　岩倉落城の事

永禄二年（一五五九）、信長は前年の「浮野合戦」に勝利し、一旦清須に凱旋した後、岩倉の町を放火し、焼き払い、岩倉城を厳重に包囲した。

或時（永禄二年、一五五九）岩倉を推詰《おしつ》め、町を放火し、生城《はだか》になされ、四方し、、垣二重・三重丈夫に仰付けられ、廻番を堅め、二・三ヶ月近く陣にとりより、火矢・鉄炮を射入れ、……

◎永禄二年（一五五九）初春のころ、信長公は岩倉を包囲、町に放火し、はだか城にして、四方に鹿垣《ししがき》（竹木の枝で編んだ垣）を二重、三重に厳しく建てるよう命じ、周囲に番人を配置、二、三か月ほど、陣から火矢・鉄砲をうち入れられた。

城攻めでは、包囲網を完成した後、持久戦となる。掃討作戦としては、築いた柵、垣根の外から、絶え間なく火矢や鉄砲を射ち込むことで、籠城する側の戦意を喪失させれば、自軍の損失を最少限に抑える事ができる。信長は火矢・鉄砲をここでも有効に活用している。

城を破却し、建造物を焼き落し、城内の兵を威嚇し、殺戮がゆっくり進んで行く。飛び道具を使い、白兵戦を避けながら包囲網を着実に狭める。自軍の損害を生じさせない。武器のコストは高価であっても、最終的にコストと効果の関係で最善の結果を引き出す鉄砲の活用が一番合理的である。信長の理詰めの作戦が岩倉城攻めで十分発揮されている。

この岩倉城包囲が一段落すると、早々と信長は上洛を思い立って実行した。

13 信長暗殺未遂 首巻二六 丹羽兵蔵御忠節の事

永禄二年（一五五九）、尾張上の四郡（丹羽・羽栗・中島・春日井）の支配者、織田伊勢守の居城岩倉城包囲が完成すると、信長は御伴衆八十人のみを引き連れて上洛した。京都、奈良、堺を見物し、足利義輝にも謁見を許されている。同時期、美濃国の斎藤道三の息子義竜の家臣等が信長の討手《うって》として、一行の後を追い上洛した。

一行は幹部五、六人、総勢三十人程、美濃衆による京都内での信長暗殺実行部隊である。

偶然、この暗殺部隊と琵琶湖渡海で居合せたのが、丹羽兵蔵である。兵蔵は信長の臣、那古野弥五郎の配下の気転の利く人物である。頭の回転が速い者で、「こざかしき者」と形容されている。中山道を京に上る最短コース、琵琶湖畔の志那（現滋賀県草津市内）から湖上を舟により直線で対岸の坂本へ渡るルートである。

渡し舟の中で、兵蔵は三河武士を装った暗殺団の正体を見破っている。尾張の住人であれば、両隣の三河と美濃のアクセントや語尾の違いなどたちどころに区別ができる。夜になり、兵蔵は三十人の仲間に紛れ込み、彼等の計画をしっかり盗み聞いた。

鉄炮にて打ち候はんには何の子細有間敷と申候。

◎「鉄砲で打ち殺したとしても、なんのさしさわりもあるまい」と言っていた。

「鉄砲で信長を狙撃するなど造作もない事だ」と暗殺計画が話し合われている。恐ろしいことに、鉄砲が信長狙撃の手段として囁かれている。鉄砲の命中精度も上がり、射撃の技能も狙撃できるまで格段の進歩を遂げ、高度化した。

兵蔵の通告を受け、翌日、信長は直々にこの討手衆の宿に踏み込んだ。

上総介が討手にのぼりたるとな。若輩の奴原《やつぱら》が進退にて、信長を覦事《ねらう》、蟷螂《とうろう》が斧《おの》と哉覧《やらん》。

◎「お前たちはわたしの討っ手として上洛されたとな。未熟者の分際で、この信長をつけ狙うとは『蟷螂《とうろう》の斧《おの》』とでも言おうか。」

と一喝し、暗殺実行隊を震え上がらせている。

「覦《ねらう》」とはまさに狙撃を表わす文字である。身を忍ばせて人を襲う卑劣な行為である。鉄砲は発射時に弓程場所をとらない、狙撃にはきわめて適した武器である。美濃衆が鉄砲で信長を狙撃しようとしたのも不思議ではない。実際、十一年後の元亀元年(一五七〇)、鈴鹿山中で、信長は狙撃される。

ちなみに、暗殺団を直接恫喝した行為については、京童達から賛否両論となった。信長にとっては、世間の注目を大いに集めた。信長の存在感は確実に高まることになった。

14　鉄砲による狩猟活動

今まで『信長公記　首巻』に沿って、鉄砲の武器としての進化を追って来た。ここで、鉄砲の合戦における武器以外の用途も確認しておこう。

織田信長の判物(花押付きの命令書・許可証)について、尾張国松倉(現岐阜県各務原市川島町)に残る坪内文書を『愛知県史　資料編Ⅱ　織豊Ⅰ』(四四一号)から引用しよう。

分国におゐて貴辺鉄炮にて鹿・鳥打候事苦しからず候。
坪内喜太郎（利定）殿
永禄八年（一五六五）九月三日付

当然、鉄砲は狩猟用にも使用されていた。信長が右のように鉄砲の狩猟許可証を発給している。領国では鉄砲による狩猟も盛んに行われていた。

信長自身長ずるに従って、狩猟の一形態である鷹野を熱烈に興ずるようになる。若いころ橋本一巴の指導で鉄砲の射撃をマスターし、自分も鉄砲を軍《いくさ》だけでなく、鳥打ちに使ったろうことは想像できる。

江戸時代末期まで尾張の国でも狼は生息していた。時代が下れば鳥類防除用の威し筒の使用も各地の文書にもめずらしくない。木曽川派流域、あるいは、庄内川河川敷での狩猟も武術鍛錬の鉄砲打ちも当然あった。

念の為、江戸中期の尾張藩畳奉行朝日重章著『鸚鵡籠中記』から、鉄砲に関する記述を少しばかり引用して、狩猟の実体に迫ってみる。

元禄五年（一六九二）　矢田河原（庄内川支流）に鉄砲打を見物。又同年重章は雉・
　　　　　　　　　　　鴨を会食している。雉・鴨も狩猟の対象である。
元禄六年（一六九三）　鹿狩りを見物する。
元禄七年（一六九四）　矢田河原で鉄砲惣打ち。
元禄八年（一六九五）　重章鉄砲芸を楽しむ。七月には重章は水野作兵衛なる人物
　　　　　　　　　　　の鉄砲弟子になっている。
元禄九年（一六九六）　重章自ら矢田河原の鉄砲打ちに参加。
宝永二年（一七〇五）　尾張藩士鉄砲の暴発事故で死亡。
宝永六年（一七〇九）　楽田村（現犬山市内）で狼打ち留められる。
宝永七年（一七一〇）　丹羽郡・葉栗郡新田（愛知県北部）で狼が出て人を喰う。
宝永八年（一七一一）　重章植田山（現名古屋市内）で鹿狩を見物する。

以上、鹿狩り見物や狼の出没がかなりの頻度で記録されている。これからも、狩猟・

害獣退治に鉄砲は威力を発揮している。ここで狩猟の行われた矢田川・植田山・丹羽郡・葉栗郡（羽栗郡は美濃領内であるが旧尾張領内）は、若き日の信長の行動範囲内である。

狩猟方法も鉄砲の時代を迎えた。

第一部では、『信長公記　首巻』に従い、信長と鉄砲の係わり合いについて、時系列な説明を試みてみた。次に第二部では『信長公記』を、「巻一」（永禄十一年、一五六八年）から「巻十五」（天正十年、一五八二年）まで、各巻毎に「信長と鉄砲の関係」を読み進めて行く。

第二部

『信長公記』巻一～巻十五の部

『信長公記』の巻一～巻十五は、信長三十五歳から四十九歳の記録である。

巻一　永禄十一年（一五六八）信長／三十五歳

1　鉄砲に関する話はない

濃州西庄立正寺で、仮寓をかこっていた足利義昭は信長の支援により、ついに上洛を果す。信長は義昭から「御父」の名で判物を受けた。特に、鉄砲についての記述はない。

巻二　永禄十二年（一五六九）信長／三十六歳

2　信長の部隊における鉄砲衆の位置づけ

巻二では伊勢平定における、信長の布陣の様子が詳細に語られ、まず鉄砲衆の位置づけを知ることができる。

伊勢国司父子の楯籠る大河内城《おおこうち》（現三重県松坂市内）攻めが敢行され、信長による東西南北の布陣の武将名が詳しく表示されている。この大河内城包囲網の後詰めに信長本隊が控えており、その陣容をかいま見ることができる。

信長身辺にはまず信長を中心に同心円状に、馬廻り、次に小姓衆がとり巻き、その外に弓衆、鉄砲衆を配している。鉄砲衆は信長直属と考えてよい。中心から四ツ目の輪が鉄砲衆である。

信長御座所《ござどころ》御番の事、御馬廻・御小姓衆・御弓の衆・鉄炮衆に仰付けられ候なり。

◎信長公の御座所の警備は、お馬回り・お小姓衆・御弓の衆・鉄砲衆に仰せ付けられたのである。

まだ鉄砲衆は御弓の衆よりも一段下にランクされている。鉄砲の認知度はまだまだ低い。その理由が次に簡単に記述されている。

3　鉄砲の武器としての使用上の欠陥

当時、鉄砲は火縄銃であった。雨天では鉄砲は無用の長物である。

人数《にんじゅ》を出され候へば、雨降り候て、御身方《みかた》の鉄炮御用にまかり立たず候なり。

◎軍兵を繰り出したところで、雨が降りはじめ、味方の鉄砲は役に立たなくなってしまった。

鉄砲を戦闘で使うには気象条件により限定的であった。鉄砲の武器としての致命的欠陥である。これではいくら射程距離があろうが、威力があろうが、武器として全幅の信頼を置く訳にはいかない。

一方、弓は人が引くものである。いつでも対応できる。鉄砲が弓よりも下位に置かれたことも当然である。

巻三
永禄十三年〜元亀元年（改元 四月二十三日）（一五七〇） 信長／三十七歳

4 狙撃の手段としての鉄砲

越前朝倉氏成敗に向かった信長・家康等の連合軍は、信長の妹お市の方の婿である浅井長政の謀反にあい、越前敦賀金が崎から京都まで撤退せざるを得なくなってしまった。

上洛時は、美濃赤坂（現岐阜県大垣市内）から中山道を安土へ進み、常楽寺に逗留。三月三日には近江一国の相撲とりをかき集め、常楽寺で相撲大会まで催す余裕があった。二人の相撲とりに、大刀・脇指を与へ家来に召上げ、相撲奉行にまで任命している。京都から岐阜に向かうにも、美濃と近江の国境は浅井長政に押えられている。東近江から千草越で鈴鹿山脈に向かった。上洛時とは大差である。

千草越《ちぐさごえ》にて御下りなされ候。左《さ》候処、杉谷善住坊と申す者、佐々木左京大夫《ささきさきょうのたいぶ》承禎《じょうてい》に憑まれ、千草山中道筋に鉄炮を相構へ、情《なさけ》なく十二・三日（間）隔て信長公を差付《さしつけ》、二ツ玉にて打ち申候。されども天道照覧《てんとうしょうらん》にて御身に少づ、打ちかすり、鰐口《わにのくち》、御遁れ候て、目出度《めでたく》五月廿一日濃州《じょうしゅう》岐阜御帰陣《ごかいじん》。

◎千草《ちぐさ》越えで下ることができた。ところが当国前守護の佐々木左京大夫承禎《じょうてい》に頼まれた杉谷の善住房という者が鉄砲をかまえ、千草山中で信長公を十二、三間へだてた距離から二つ玉でねらい討ち申した。しかしながら天道もお見通しであったのだろう、玉は信長公のお体をかすっただけで、虎口をのがれ、めでたく五月二十一日美濃の国岐阜城にご帰陣になった。

少し長く『信長公記』を引用したが、信長狙撃の内容を簡潔に伝えている。

自信家である信長は武田信玄のように、影武者が居た話は聞かない。人一倍はで好きな信長である。山を越える一行の中で、信長をアイデンティファイし易い。狙撃には恰好の条件が揃っている。

信長から圧力を受け続けた佐々木承禎が、信長をつけ狙ったのも当然である。鈴鹿の山中で信長を葬るに如《し》くはない。ところが、スナイパーである杉谷善住坊の腕が拙い。わずか十二、三間（二十二、三メートル）の的を外してしまった。撃ち損じである。狙撃技術も、鉄砲の照準性能も今ひとつであった。「鉄炮の上手」（巻六での牛一の善住坊評価）も殺傷精度で、射手の技量にまだ左右されている。

信長狙撃に失敗した杉谷善住坊のその後は哀れである。三年後、琵琶湖西岸の高島（現滋賀県高島市内）で隠居していた所、磯野丹波に召捕られ、元亀四年（一五七三）九月十日岐阜に送られた。厳しい尋問を受けた末、極刑に処せられている。信長の恨みは深い。

千草山中にて鉄炮を以て打申候子細御尋ねなされ、思食《おぼしめ》す儘に御成敗遂げられ、たてうづみにさせ頸を鋸《のこぎり》にてひかせ、日比の御憤《おんいきどおり》を散ぜられ、上下一同の満足これに過ぐべからず。

◎千草山中で鉄砲で信長公をねらった詳細を尋ねられた後、思う存分処刑を加えられた。直立のまま土中に埋め、首をのこぎりでひかせて、日ごろのお怒りを晴らされたのである。上下一同、これ以上の満足はなかった。

考えられる限りの残酷な仕打ちが加えられる。生きながら首から下は地中に埋められ、切れの鈍《にぶ》い鋸《のこぎり》でゆっくり首を切り落とす刑が執行された。嬲《なぶ》り殺しである。鉄砲の恨みも厳しかった。

5　殿《しんがり》での鉄砲の活用

元亀元年（一五七〇）六月、信長は岐阜から北近江に進出した。六月二十二日、浅井長政のたて籠《こも》る小谷城攻防戦で、信長は一旦兵を引き上げている。

六月廿二日、御馬を納れられ、殿《しつはらい》に諸手の鉄炮五百挺、并に御弓の衆三十ばかり相加へられ、……

◎六月二十二日、信長公はいったん兵を引くことにし、しんがりの支えとして諸隊の鉄砲五百ちょう、それにお弓衆三十名ばかりを加えてこれに当て、……

信長でさえ自前で五百挺の鉄砲は揃えられない。信長直属以外の部隊からも鉄砲衆をかき集めて、都合五百挺となった。鉄砲に弓の衆三十程を追加している。戦術としては、殿《しんがり》には鉄砲が最も効果的であることが定着した。咄嗟の際のコンテンジェンシーとして、僅か三十ばかりの弓の衆が添えられている。主力は鉄砲隊である。敵軍との距離を保つ上では弓よりも鉄砲の方が有利である。殿作戦で量的に鉄砲の数が弓の数を上回ったのも、自然の成り行きである。

ただし、不意の横槍が入った際は、弓の方が迅速に対応できる。重爆撃隊には、少数の精鋭な戦闘機（ファイター）が護衛する関係である。鉄砲の機能と弓の機能がうまく協働できる比率が五百対三十であった。信長は経験的にこの比率によるコンビネーションに到達している。

信長は若い頃から敗戦・撤退を数多く体験している。自軍の損害を最少限にくい止め、再攻撃への兵を温存する。決して華々しく散るような事は考えない。信長の合理性が殿《しんがり》には鉄砲の方程式を確立した。

6　鉄砲の規模の拡大・大鉄砲と鉄砲三千挺

鉄砲は大坂の合戦で、その動員する数量においても、個々の鉄砲そのもののサイズにおいても飛躍的な充実と拡大局面に入った。鉄砲を揃える単位が、百挺から千挺へ著しいスケールアップである。

元亀元年（一五七〇）九月十二日、「野田・福島の攻防」で『信長公記』に初めて大鉄砲が登場して来る。敵方の砦の外に城楼《せいろう》（櫓）を築き、その上から砦内に大鉄砲を打ち込む。大鉄砲は大量殺戮・大量殺傷よりは、むしろ、砦の塀や壁を破壊する手段である。

もちろん、強大な破壊力は砦内の兵の恐怖を煽り、戦意喪失をもたらすことにもなった。特に、夜間での使用は効果的であった。

先陣は勿論夜々《やや》に土手《どて》を築き、其手々々を争ひ、塀際《へいぎわ》へ詰めよせ、其数を尽し、城楼《せいろう》を上げ、大鉄炮にて城中へ打入れ責められ候。

◎先陣の者たちは言うまでもなく、夜毎に土手を築き、先を争ってへいぎわに詰め寄り、数多くの物見やぐらを建て、大鉄砲を城中へ撃ちこみ、敵を攻めつけられた。

発射音響効果は抜群で、城中・砦内の兵を十分おじけづかせている。鉄砲そのもののスケール上での進化が、既に鉄砲先進地域では確実に加速されている。

一方、根来・雑賀・湯川衆は兵の動員数も多く、調達した鉄砲の数も三千挺を超え、信長を震撼させている。当時、信長が鉄砲を総動員しても千挺には達しなかった。

種子島に鉄砲が伝来（一五四三）し三十年足らずで、戦国の戦場に合計四千挺近くの鉄砲が持ち込まれている。武器の波及は恐しい程の速度である。核兵器なども、ひとたびたがが緩めば、あっという間に世界中に広まってしまう。


根来《ねごろ》・雑賀《さいが》・湯川《ゆがわ》・紀伊国奥郡衆《きのくにおくこおりのしゅ》二万ばかり罷立ち、遠里小野《うりうの》・住吉・天王寺に陣取り候。鉄炮三千挺《ちょう》これある由候。毎日参陣候て攻められ候。御敵身方の鉄炮誠に日夜天地も響くばかりに候。

◎根来《ねごろ》・雑賀《さいが》・湯川・紀伊の国の奥郡《おくのこおり》の軍勢約二万人も進出して、遠里小野《おりおの》住吉・天王寺に陣取った。鉄砲三千ちょうの装備があるということであった。毎日参戦して敵を攻撃する。このため敵、味方の鉄砲の音が日夜を分かたず天地に響くほどであった。

大坂中が鉄砲で埋め尽されている。鉄砲の発射音は昼夜を問わず、大坂平野のあちこちに響き渡っている。まさに雷鳴である。

「桶狭間の合戦」で気象条件と地形の好条件に恵まれ、奇襲戦で今川義元を討ち取った信長は、軍の勝利の条件はインフラ整備である事を決して忘れない。戦の基本的条件が整わなければ無理押しはしない。あっさりと戦場から離脱もしている。

後に、「長篠の戦い」で、信長・家康連合軍が三千挺の鉄砲を戦場に持ち込み、三段式の発射システムをあみ出し、自軍は無傷のまま武田勝頼軍を壊滅させた。この時の鉄砲の数三千挺と大坂での敵の鉄砲の数が何故か符号している。太田牛一の誇張もあろうが、鉄砲三千挺は雌雄を決する限界質量（クリティカルマス）である。

鉄砲戦《いくさ》は昼夜を分かたず繰り広げられる。夜間、轟音と火花は殺傷力以上に精神的圧迫感を催す。さすが信長も三千挺の鉄砲にはとまどった。戦場では信長方、大坂方双方鉄砲衆が強力な主力戦闘部隊化している。

野戦を決する要素は鉄砲の多寡になってしまった。

九月十三日、夜中《やちゅう》に手を出《いだ》し、ろうの岸・川口両所の御取出へ大坂より鉄炮を打入れ、一揆蜂起候といへども、異る子細なく候。

◎九月十三日、大坂から夜中ひそかに兵を出し、楼岸・川口二か所のとりでに鉄砲を撃ちかけ、一揆を蜂起させた。けれどもたいしたことはなかった。

物量の多少が戦闘の優劣を決する。「桶狭間の合戦」がその例外であることを信長は十分わきまえていた。大坂合戦から信長の鉄砲調達に拍車がかかり、軍制の変革・インフラの整備が次々に進んで行く。

大坂の戦場は武器としての鉄砲の先進地域である。信長は鉄砲の進化過程に身を浸して体験し、後の戦術構築を可能にした。合理的で効果的な武器の戦場への投入である。このように、信長の学習能力の高さは非凡である。

巻四 元亀二年（一五七一） 信長／三十八歳

7 鉄砲による一揆衆の逆襲

元亀二年（一五七一）五月十二日、信長は河内《かわうち》長島攻略に向かった。ここで、信長方は弓・鉄砲による手痛い逆襲に遭遇した。

長嶋の一揆共、山々へ移り、右手《めて》は大河なり、左りは山の下道《したみち》一騎打ち節所《せっしょ》の道なり、弓・鉄炮を先《さき》々へまはし相支へ候。柴田修理見合せ殿《しっはらい》候の処、一揆共噇と差懸け、散《さん》々に相戦ひ、柴田薄手《うすで》を被《こうむり》罷《まかり》退《の》く。

◎長島の一揆の者は山中へ移動した。右が大河、左手は山のがけ道という狭くて、一騎討ちより方法のない難所に、弓・鉄砲を配して守りについた。柴田修理亮は、しばらく形勢をうかがいしんがりを勤めているとき、一揆勢にどっと襲われ、さんざんに戦った末、軽傷を受けて後退した。

狭隘な地形では、単騎縦列通過が余儀無くされる。柴田勝家のような百戦錬磨の武将が負傷し、美濃三人衆の一人氏家《うじいえ》卜全が戦死した。河内長島一揆掃討作戦は周到な防戦に会い、まさに惨敗に終わっている。

一揆側は大坂コネクションにより、最新式の鉄砲を準備していた。弓・鉄砲のコンビネーションにより、一揆方の機能的な殿《しんがり》攻撃である。一揆軍の追撃は厳しく、濃尾平野が西に落ち込む活断層の地形、美濃の養老郡（現岐阜県養老郡内）は泥沼が続き、氏家卜全（直元）はこの泥沼に落ち込み、手兵にも逃げられ討ち取られた。

元亀元年（一五七〇）十一月、信長の弟織田彦七郎信興が、尾張西部の海西郡小木江（現愛知県愛西市内）城を守備していたところ、長島の一揆に包囲され、自害を遂げている。長島の一揆は信長にとって手強いだけでなく、度重なり敗北を味わった恨み骨頂の相手である。

このリゼントメントが四年後の、天正二年（一五七四）七月の凄惨な干殺《ほしころし》・餓死《かつえじに》・焼《やき》ごろしとなった。信長最大のホロコーストはこの時点から芽ばえている。

巻五

元亀三年（一五七二）　信長／三十九歳

8　大筒の使用

野田・福島では鉄砲から規模を拡大した大鉄砲が使われたことは、二年前の元亀元年（一五七〇）巻三の項で検証した通りである。

今度は浅井長政勢最終掃討戦で、琵琶湖中の孤島「竹生島《ちくぶじま》攻略」において、大筒が初見できる。

……海津浦《かいづうら》・塩津浦《しおづうら》・与語の入海《いりうみ》（余呉湖）、江北（近江の北部）の敵地焼払ひ、竹生嶋《ちくぶしま》へ舟を寄せ、火屋《ひや》（火矢）・大筒《おおづつ》・鉄炮を以て攻められ候。

◎海津浦、塩津浦・余呉の入海に沿う江北の敵地を焼き払い、さらに進んで竹生島《ちくぶじま》へ舟を寄せて、火矢・大砲・鉄砲で攻められたのである。

火矢・大筒・鉄砲が併記されている。小さな島の攻撃にも、信長がごく頻繁に用いた、敵地を徹底的に焦土化する作戦である。

まず、火矢は勿論、敵地建造物に火災を起こさせる手段である。矢鏃《やじり》の部分が燃えさかる矢である。木造建築物にこの矢が刺されば類焼させることができる。これ以上説明するまでもない。

次の大筒が問題である。大筒が鉄砲から進化した大鉄砲のような火器なのか、あるいは更に大きいカノン砲のようなものか、簡単には結論づけられない。

一つのイメージとして、手筒《てづつ》花火のようなものが考えられる。手筒花火から新兵器として大筒が開発された話もない。時代が下って一六〇五年「大坂の陣」では重量の玉を打ち飛ばす大砲が使われている。しかし、竹生島を攻略する目的で信長が大砲を持ち出す必要があったとも思えない。

こうして見てくると、大筒とは大きなサイズで重い玉を発射させる大砲よりは、放火を目的とした火器、一種の火炎放射器に似た、煙硝を使った武器ではなかろうか。人的損害を与える殺傷を目的とした武器ではなく、敵方を震え上らせるに十分な火薬式火器であったと考えられる。更に、相手の防御施設である塀や家屋を焼き払った。弓・鉄砲を併用すれば更に武器としての効果は高かった。

一つの考察として、DK publishing の「ウエポン」（武器）によれば、火薬そのものは中国人の発明であるが、カノン砲は、一五二〇年代ポルトガル人によって中国に伝えられたとしている。しかし、時の明朝は門外不出にしてしまったとしている。

鉄砲が日本にもたらされる（一五四三）、約二十年前である。

この攻撃によって北近江の一揆も一掃され、翌年の天正元年（一五七三）、浅井長政・久政父子が討ち取られ、京都で獄門に懸けられている。

9　家康の軍制における鉄砲

関東で鉄砲が軍制に取り入れられたのが、天正年間（一五七三～一五九二）とされる。鉄砲が種子島に伝来して、ちょうど三十年を掛けて東進した。大坂での鉄砲の流布は驚異的である。

元亀三年（一五七二）十二月、徳川家康と武田信玄は遠州三方ヶ原（現浜松市内）で激突した。合戦そのものは双方旧態依然で、もし信長が観戦したならば古色蒼然と批判されそうである。

信玄の騎馬隊は推太鼓《おしだいこ》を打って自軍を鼓舞し、敵を蹴散らす戦法である。自信満満である。一方、家康側は弓の手柄が描写されている。鉄砲ではない。信玄側は飛び道具としてつぶて合戦まで登場している。

武田信玄水役の者（足軽衆）と名付けて、三百人ばかり真先にたて、彼等にはつぶてをうたせて、推太鼓《おしだいこ》を打って人数かゝり来《きた》る。

◎武田方は「水股《みずまた》の者（足軽であろう）」とよぶ兵、三百人ばかりをまっさきに立て、小石を投げさせ、攻め太鼓を鳴らし攻撃をかけてきた。

家康自身、弓の技量に確たる自信を持っており、その評判も他国にまで知れ渡っていた。その分、家康は鉄砲の活用が、信長よりも大巾に遅れてしまった。

家康公中筋切立てられ、軍《いくさ》の中に乱れ入り、左へ付いて身方が原（三方が原）のきし道の一騎打を退《の》かせられ候を、御敵先に待請け支へ候。馬上より御弓にて射《い》倒《たお》し、懸抜け御通り候。是ならず弓の御手柄《てがら》今に始まらず。浜松の城堅固《しろけんで》に御抱《ずんかか》へなさる。信玄は勝利を得人数《にんじゅ》打入れ候なり。

◎家康公は武田軍に中央を切り破られ、乱戦の中に巻きこまれたが、左手へ逃れ出て、三方が原の山ぞいの道を、ただ一騎で退かれたが、敵は先回りして退路をさえぎった。家康公は馬上から敵兵を弓で射倒し、駆けぬけて通られた。ここに限らず、家康公の弓のお手柄は今にはじまったことではない。その後、家康公は浜松の城にこもり、堅固に守りを固められた。武田信玄はこの戦いで勝ち、その軍勢を遠江領内に進めたのである。

家康は、自ら信玄軍の中央突破を企てて敵軍に突入したものの、その先に信玄軍が尚も待ち受けている。家康は馬上から弓で前方の兵を射倒して、敵の前線を駆け抜けている。

しかし、「三ケ方が原の戦い」は家康方の完敗で終る。やむなく、家康は命からがら浜松城へ駆け込んでいる。その際の家康の悄然とした姿は肖像画でよく紹介されている。

これこそ、家康が鉄砲を自軍の軍制に取り入れなかった証左である。この貴重な実体験、軍備の近代化の遅れも三年後、天正三年（一五七五）の「長篠の戦い」で一気に取り戻すことができる。豊臣秀吉からも野戦の名人と一目置かれる家康は、「三方ヶ原の戦い」での鉄砲軽視の大失態から培われていった。何ごとも自分の骨身に染みる失敗でしか学び取れない。「三方ヶ原の戦い」の経験が家康に忍耐力を養なった。

巻六

元亀四年〜天正元年（一五七三）　信長／四十歳

10　全天候型ではない鉄砲

永禄十二年（一五六九）、伊勢「大河内城攻め」では雨のため、鉄砲が役立たずになった。四年後の今回も北伊勢進攻で悪天候のため、鉄砲が無用の長物化している。伊勢攻略は又しても雨に祟られている。

信長のかせられ候を見申し、御跡へ河内の奴原《やつばら》、弓・鉄炮にて山々先々へ移りまはり、道の節所を支へ、伊賀・甲賀のよき射手の者共馳せ来って、さしつめ引つめ散々に射《うち》たをす事際限なし。雨つよく降って、鉄炮は互に入らざる物なり。

◎信長公が引き上げられるのを見て、河内長島の連中が、弓・鉄砲をもって山中を先回りし、道の要所要所をさえぎり、その上伊賀・甲賀の弓の名手も駆けつけてきて、さしつめ引きつめして、さんざんに織田方の者を射倒した。折あしく雨が強く降ってきて、鉄砲はおたがいに役に立たなかった。

明らかに鉄砲の武器としての欠陥が露呈している。いくら巧妙に先回りしてポジションを確保しても、いくら敵の進路の難所を押えようが、いかに熟練した射手を揃えても、雨の悪天候では鉄砲は発射できない。両者鉄砲隊の活動は絶望的である。両者鉄砲で相手に打撃を与える事なく痛み分けである。

最後に勝負を決したのは弓である。しかも、伊賀・甲賀の強力な弓の衆が敵の中から繰り出して攻勢に転じている。信長は父信秀から独立した際、宿老として添えられた一長《いちのおとな》林新五郎の息子林新二郎まで討ち取られている。林氏は一長を世襲していたらしい。これにより、旧来の一長名は絶えた。

全天候型でない鉄砲は、この戦いで信頼性を著しく損ってしまった。旧暦の十月二十五日のことである。今の暦では十一月末から十二月初旬のことである。牛一は信長方には凍死《こごえじに》する者まで続出していると記している。「河内《かわうち》長島攻め」はまたしても信長にとっては散々な結果となった。

鉄砲は戦国の武器として威力はあるものの、まだ未完の武器でしかなかった。

ここでもう一度鉄砲を整理しておこう。

鉄砲は火縄式である。

火縄式とは銃口からまず火薬を充塡する。次に鉛玉を詰める。火打石で火縄に点火する。照準を定める。火薬に火が回り、玉を発射する。

長所

●百メートル（約五十五間）の射程距離をもつ。

●鉄砲足軽による集団戦法をとれる。
●弓の絃《つる》のように弱いものがない。

欠点
●雨天無用
●火薬・鉛玉装塡に時間がかかり過ぎる。
●鉄砲・火薬・鉛玉が高価である。硝石・鉛玉は輸入品である。
●暴発する事がある。

11　天正への改元

鉄砲とは直接係り合いはないものの、巻六、元亀四年（一五七三）七月二十八日改元が行われ、元亀は天正に改められた。巻六の冒頭に牛一は、前年信長から将軍足利義昭に提出された将軍弾劾文を長々と載せている。

義昭の将軍らしからぬマネーゲーム、なりふり構わぬ蓄財は目に余ると糾弾している。論功行賞権は信長に帰し、将軍の書状には信長が添状を書く。完全に将軍は信長の傀儡である。十七ヶ状の意見書は義昭には受け入れ難い内容である。

最大の問題は改元の実行である。一《ひと》つ書きの十番目に元号についての意見が書かれている。

一、元亀の年号不吉に候間、改元《かいげん》然るべきの由天下の沙汰に付いて申上候。

◎一、元亀の年号が不吉であるので、改元したほうがよいとの世間のうわさでありましたから、申し上げたのです。

元亀と言う年号はどうも不吉である。確かに信長にとっては、元亀年間は八方塞りの連続であった。大坂・河内長島・北近江どれもこれも捗捗《はかばか》しくない。足利義昭に侮られても仕方のない状態の連続である。信長にとって改元は、起死回生の大博打である。

天正改元間もなく、琵琶湖を遊弋《ゆうよく》する大船が就航している。その後、浅井・朝倉撃破はあっと言う間に達成された。

新元号の天正は信長好みの「天」を頂いている。舞とこうたは敦盛の「人間五十年、下天の内をくらぶれば」である。天下一の称号も好んで授けている。幼く天王坊に遊んでいる。「天」を最も強く意識したのは信長である。安土城の天主に身を浸し天命を感じ取っていた。

改元後の信長には迷いはない。本能寺まであっと言う間の六年間である。

巻七 天正二年（一五七四） 信長／四十一歳

12 大鉄砲の活用と殺傷用鉄砲の分業

天正二年（一五七四）正月朔日（一日）、信長はナイト・テンプラーの仕業とも思える趣向で、側近の馬廻り衆に酒を振る舞った。

肴は朝倉義景、浅井長政、久政の漆塗りの骸骨である。今なら、本物かどうかのDNA鑑査論議も起ころうが、信長の遺恨の深さを身の回りの者達に思い識らせるには、十分な演出である。手をたたいて喜べるような状況ではない。

三月には南都東大寺の香木蘭奢待《らんじゃたい》を所望し切り取っている。此の世の所業とも思えない。

六月には、家康に兵糧代として黄金を皮袋に二ツ入れて持参している。この皮袋は男二人で持ち上げる程の重量である。信長の家康への金銭援助も豪快である。

夏から秋にかけては信長は嫡男信忠を伴い、諸将を動員し総力で河内長島成敗の最終戦に出馬し、まず津島に陣を置いた。

今回は過去のにがい経験から、志摩の九鬼水軍、伊勢の各湊、知多半島の各湊から、あたか船・囲舟・大船を参陣させている。合計で数百艘にも達した。

此外勢州（伊勢国）の舟大船数百艘乗入れ、海上所なく、諸手大鳥居・しのはせ取寄り、大鉄炮を以て塀・櫓打崩し、攻められ候の処に、両城迷惑致し、……

◎このほか伊勢の大船数百そうを乗り入れ、海上をすき間もなく埋め、大鳥居・篠橋にかけて、大鉄砲でへい・やぐらを撃ち崩して攻めたので、両城の者どもは困惑して、お許しをこうてわび言を申し上げた。

過去の手痛い失敗に懲りた信長は、徹底した物量作戦を展開した。海上は大小船で埋め尽した。ここで大鉄砲の出番である。一向一揆側も塀・櫓の防備を整えていた。ここで投入されたのがこの大鉄砲である。大鉄砲の役割はこの塀・櫓等建造物を壊滅的に破壊し尽くしてしまうことである。白兵戦・接近戦は自軍の消耗も大きい。防御施設を五十間（五十メートル）も離れた所から打ち崩す戦法によって、一揆軍をまる裸にしてしまう。一揆方は困窮し言いわけして和議を申し入れて来た。信長の戦法は干殺《ほしごろし》である。

この後、世に言う信長の筆舌に尽し難い過酷な仕打が行われた。兵糧攻めで餓死《かつえじに》させている。そして、最後の力をふりしぼって飛び出して来る一揆衆は、鉄砲の一斉射撃の餌食となった。

余多《あまた》の舟に取乗り候を、鉄炮を揃へうたせられ、際限《さいげん》なく川へ切りすてられ候。

◎あまたの船に一揆の者たちが乗って退くところを、信長公は鉄砲を一時に撃たせ、
際限なく川中へ切り捨てられた。

残酷ではあるが殲滅作戦としては、これ程機能的な方法はない。大鉄砲と鉄砲の機能的な分業がはっきりと証明された実戦であった。大鉄砲は建造物を破却し、鉄砲は兵員殺傷である。

巻八

天正三年（一五七五）信長／四十二歳

13　鉄活用の拡大・鉄綱《かなづな》の舟橋《ふねはし》

天正二年（一五七四）末、信長は国々にインフラ整備の命令を出した。そして、鉄は鉄砲だけでなく、広く交通のインフラ整備に使われ始めている。鍛冶《かじ》・鋳物師《いもじ》等の技術が鉄砲の技術と同様高度化して来た。

武田信玄も軍事上の道路整備に熱心であった。信玄の棒道である。甲斐・信濃の山岳地帯よりも河川の多い、美濃・尾張・五畿内では舟橋《ふねはし》を架ける事も大きな要素となった。この舟橋の材料として鉄すなわち、鉄綱《かなづな》が使われ始めた。現存する奈良時代に書かれた「常陸国風土記」の行方郡《なめかたのこおり》に、「艀を編《あ》みて橋を作《な》し」とある。舟橋は千二百年以上の歴史がある。

舟橋は浮橋で、当初は小舟を横一列に並べ、竹綱や藤づるでつなぐ。この小舟の上に板を敷き、押さえ木を乗せて固定する。

洪水時や軍事上敵の進攻を防ぐ時には、攻撃して来る敵方の川岸に近い所で元綱の竹綱を切り離す。上流からの水圧で、舟と舟の上にのせた橋の材料は、自領側の川岸に押し戻されて止まる。綱でつなぎ止めておけば、資材を失う事はない。戦いが終結すればつなぎ直せばよい。

一方鉄綱《かなづな》は簡単にはカットできない。信長が鉄綱で舟橋架橋を命じたのには、征服地域の治安・領国の安定が考えられる。度々、舟橋を切る必要はなくなった。


丹羽五郎左衛門御奉行として仰付けられ、鉄綱《かなつな》丈夫にうたせ、勢田に舟橋懸けさせられ、……

◎丹羽五郎左衛門を奉行に命じ、がっしりした鉄の綱を作らせ、それを用いて往来の容易なように勢田に舟橋を架けさせ、……

勢田は交通の要衝である。源平合戦以来、戦略上東からの攻撃をかわす、京都の防衛線である。ここに、半永久的な鉄綱の橋を架けた信長には、相当の自信がうかがわれる。しかも新機軸として鉄綱を採用している。

まず、鉄綱の綱打ちから始める。鉄を加工する技術は確実に進歩している。

江川《えかわ》には舟橋《ふねはし》仰付けられ、嶮路を平らげ石を退《のけ》て大道とし、道の広さ三間《げん》間《ま》中《なか》、路辺の左右に松と柳植置き、所々の老若《ろうにゃく》罷出で、水ヲ濺《そそぎ》微塵ヲ払ヒ、掃除を致し候キ。

◎入り込んだ入江や、河川には船橋（多くの船をつなぎ並べその上に板を渡して船橋としたもの、浮橋ともいう）をしつらえ、難儀な悪路をならし、石をとり除き整備してよい道とした。その道幅は三間半とし、街路樹として左右に松と柳を植え、その土地土地の人びとが出て来て、その植木に水をやり、落ちているちりを払い清掃いたすようにと命じられた。

舟橋は各地の河川に架けられ三間半（幅約六メートル）の大きな道路との組み合せで、街道・インフラが整備され、近在の住民による保守も行われている。軍事目的もさることながら、物流にも大きく貢献している。鉄砲と並行して、鉄の活用も着実に進歩している。

『信長公記』には具体的な地名の表記はないものの、天正三年（一五七五）には、中山道の近江国坂田郡（現東近江市内）の磨針峠を開削し、迂回道路を直線最短距離にしている。この間の短縮距離は十二キロメートルである。インフラ整備の好例として有名である。

更に三年後の天正六年（一五七八）、大坂湾での海戦では鉄板貼りの大型軍船まで登場する事になる。鉄の加工技術は長足の進歩を遂げている。

14 「長篠の戦い」、信長究極の鉄砲合戦

「長篠の戦い」は既に語り尽くされている。「信長と鉄砲」がテーマの本書も、詳細に

確認すべき主要な戦《いくさ》である。

鉄砲はまず、弓との一騎討ちを経験した。その射程距離の長さから、撤退時の殿《しんがり》で度々有効に使われた。狙撃用にも使われた。狩猟用にも使われるようになった。

鉄砲をスケールアップした大鉄砲は、敵の建造物破壊に役立った。

しかし、「姉川の戦い」・河内「長島一向一揆の戦い」（一五七〇）では鉄砲は主役ではない。戦《いくさ》の最終決着は常に鑓・刀による白兵戦である。

「長篠の戦い」（一五七五）は鉄砲が主役である。鉄砲の能力をマクシマイズ（最大化）するための前準備に努力が払われている。鉄砲の戦法をまず真中に置いて、その他の戦術が練られている。端的に語れば、鉄砲中心の天動説である。全てが鉄砲のために動いた。

コリオグラファー（振り付け師）が信長である。兵と鉄砲がシンクロナイズされている。大成功である。

天候にも恵まれた。地形も最適である。水平ながらやや登り勾配である。鉄砲が一番威力を発揮する。山間部の平地で、川が流れる最も低い谷に当る場所に鉄砲隊を配置した。つけ足《た》しでなく、最前線の正面である。多少上向きに鉄砲を構えれば、鉛玉がころがり出る心配もない。照準に最適でもある。

発射時の煙は高い方に流れて行く。風下ならば、馬も騎手も硝煙に閉口する。

あらゆる要因が検討し尽くされた上での布陣である。

武田勝頼方についても、一つ一つ検証する。

「長篠の戦い」の三年前、元亀三年（一五七二）遠州「三方ヶ原の戦い」で、信玄は家康に完全勝利している。勝頼の武将の多くは、この完全勝利を体験している。家康組み易しと考えるのも当然である。自分達の騎馬戦法に並々ならぬ自信を持ってしまった。

しかし、当時の大将信玄は、二年前の元亀四年（一五七三）に信州駒場で病死している。

信玄と較べれば勝頼への家臣の信頼度は低い。信玄死後二年一ヶ月強で、勝頼は信玄が得ていたような部下からの絶対的な信任を受けるに至っていない。

甲斐の国には黒川金山など、信玄が開発した金山は多い。財力は潤沢であった。武田軍も高価な鉄砲調達能力はある。信玄は早々と鉄砲を武器として取り入れている。天文二四年（一五五五）、「信濃旭山城合戦」で、鉄砲三百挺を用意している。事実であるなら、信長が自ら射手として鉄砲を打ち込んだ「村木砦攻略」（一五五四）の翌年である。

中国人鄭舜功が、九州各地・和泉で鉄砲を盛んに製造している、と記録に残す年でもある。信玄の財力をもってすれば、三百挺の鉄砲調達も可能である。事実であるなら、中量の鉄砲を彼の軍制に取り入れた時期は信玄も遅くない。しかしながら、調達能力はあっても、活用方法、つまり、軍制への効果的な導入の点で、信長よりも劣ってしまった。

甲斐軍団には、根強い騎馬戦への妄信があった。勝頼には、「遠州高天神攻略」のような華々しい戦歴もある。従来型の戦法への過信が、無様な鉄砲の餌食を生んでしまった。過去の成功体験ほど怖いものはない。何時の時代でも、成功体験に安住することは許されない。

甲斐は海がない。兵・兵糧の大量輸送が利かない。戦線が伸びればロジスティクス

（兵站）が困難になる。信長は渡海・渡湖作戦も実践している。勝頼は荷駄も苦労する。長篠城包囲から、長期遠征により、兵に厭戦意識も発生して来る。騎馬軍団は馬の飼料、馬の手入れも大きな負担である。早期決着を試みようとする。あせりである。長篠城包囲に手間取り過ぎた。

以上の点などを武田勝頼の問題点として指摘する。

信長にとっては永年の背後からの脅威、武田信玄の病死から二年、勝頼との東美濃で小競り合いが続いていた。この間、勝頼の戦法、作戦・戦闘能力・部下の掌握などかなり学習している。

信長にとっての課題は明確である。

「武田騎馬軍団をいかに撃破するか」唯一《ただひと》つである。そして、その手段を鉄砲の高速連射に見出した。戦略が決定すれば、後は綿密な準備である。孫子であろうがクラウゼビッツであろうが、戦争とはドンパチやる以前に勝負は決しているとする。相手の弱点を発見してそこを突けばよい。

鉄砲戦をいかに効率的に戦うか。鉄砲に有利な地形を選ぶ。視界を遮るような場所では敵を狙い打ちはできない。多少の登りの傾斜がよい。射手が装塡にあわてふためかない、余裕を持って鉄砲を操作する。前面に連子川があれば、敵は射手に肉迫できない。

騎馬の侵入を阻止する馬防柵《うまふせぎ》は万全である。馬に蹴散らされる心配は無用である。鉄砲三千挺を自軍の射手が見れば、これ程心強いことはない。自分達が今までに見た事もない夥しい鉄砲である。物量作戦も鉄砲足軽に強い安心感を与える。信長は堺、根来門前の芝辻、近江国友三箇所の鉄砲製造拠点を押えている。以前、大坂では一揆側の三千挺の威力を見せつけられている。

鉄砲の欠点である充塡時間のロス対策で、三段式充塡による回転方式を編みだした。情緒的には、清須同盟以来家康の出血サービスが一方的に続いていた。姉川・金ヶ崎・三方ヶ原など、どう見ても家康に得となる戦いはない。わずかに、三方ヶ原の一年後、「遠州高天神の攻防」に駆け付けた信長が、兵糧代黄金皮袋二個を家康に与えた程度である。家康にとっては西方からの脅威はないものの、決して割りに合う同盟ではない。長篠へは、やっと信長が主だった部将を全員動員して参加した。三河の武将にとっても、今までの心の蟠《わだかま》りを払い退ける機会となった。清須同盟がペイオフする時が来た。家康軍の士気は大いに上がった。
信長は勝頼方全員を討ち取る計画を立案した。しかも、自軍は一人も戦死者を出さない考えである。

……悉く討果さるべきの旨、信長御案を廻《めぐ》らされ、御身方一人も破損《はそん》せざるの様に御賢意《けんい》を加へられ、……

◎「……ことごとく討ち取るべきである」とお考えになり、御味方からは一人の損害も出さぬようにとご賢察をなさった。

ものすごい自信である。
まず、鉄砲隊を勝頼軍の側面に迂回させている。

弓・鉄炮然るべき仁《じん》を召列《めしつれ》、……信長御馬廻鉄炮五百挺、……長篠の上鳶《とび》の巣山へ……

◎弓・鉄砲のすぐれた者二千人ばかりをおつけになり、……それからご自身のお馬回りの者・鉄砲五百ちょうと共に、……長篠の上の鳶の巣山へ向かった。

直属の馬廻りの鉄砲衆を裂いている。この部隊が長篠城内守備隊と合流した。

旗首《はたかしら》を推立《おした》て凱声《ときのこえ》を上げ、数百挺の鉄炮を噇《どっ》とはなち懸け、責衆《せめしゅう》を追払ひ、長篠の城へ入り、城中の者と一手になり、敵陣の小屋々々焼上げ、……

◎旗を上方高く掲げて、ときの声を上げ、数百ちょうの鉄砲をいちじに発砲し、攻撃して来る武田方の者を追い払い、長篠の城にはいり、城中の者と一緒になって、武田方の小屋小屋を焼き払った。

信長は、鉄砲発射のタイミングをしっかりコントロールしている。

信長は家康陣所に高松山とて小高き山御座候に取上《とりのぼ》られ、敵の働《はたらき》を御覧じ、御下知次第働くべきの旨兼てより堅く仰含められ、鉄炮千挺ばかり……

◎信長公は家康公の陣所に高松山という小高い山のあるのにお登りになって、敵の動きをご覧になり、ご命令があり次第、軍兵が活躍するようにと、前もって命じておかれた。鉄砲千ちょうほどを、……

一斉射撃は、統制が取れていて初めて機能する。信長はそれをやっている。勝頼側も、推太鼓を打って同じく統制の取れた攻撃を加えるも、銃弾の前に次々と敗退して行く。哀れさえ催す。

一番、山県三郎兵衛、推太鼓《おしたいこ》を打って懸り来り候。鉄炮を以て散々《さんざん》に打立てられ

引退《ひきのく》。二番に正用軒、入替《いれかえ》、かゝればのき、退《の》ば引付《ひっつき》、御下知《ごげち》のごとく鉄炮にて過半《かはん》人数うたれては其時引入るなり。

◎武田軍は一番目に、山県三郎兵衛（昌景）が進軍の合図の推《お》し太鼓を打って掛かってきた。しかし鉄砲でさんざんにうち立てられ、引き退いた。二番手の逍遙軒は、入れ替わりたち替わり攻めて行けば退き退けば攻めてくる。信長公のご命令どおり、織田方が鉄砲で逍遙軒の率いる軍兵の過半数をうったとき退却したのであった。

信長軍のみごとな統制である。三番も同様である。

……推太鼓《おしたいこ》を打って懸り来る。人数を備へ候身がくしをして、鉄炮にて待請けうたせられ候へば、過半打倒され無人《ぶにん》になつて引退く。

◎このときも馬を用いて推し太鼓をうちながら、かかって来た。こちらも軍兵をそろえて身を隠し、鉄砲で待ちうけて、うったところ、大半がうち倒されて、軍兵がいなくなり、引き退いた。

勝頼は推太鼓を打って、三番、四番、五番と騎馬を繰り出して来ても、信長は一騎も馬防柵から外へ出さない。鉄砲を打つだけである。

かくのごとく、御敵入替へ候へども、御人数一首《かしら》も御出しなく、鉄炮ばかりを相加へ、足軽にて会釈《あいしらい》、ねり倒《たお》され、人数をうたせ引入るなり。

◎このように敵は軍兵が入れ替わり、立ち替わりするけれども、織田方は一人も前に出ず、鉄砲ばかりをうち出して、足軽であしらった。武田軍はこれに圧倒されて、軍兵をうたれ、引きしりぞくばかりであった。

信長は鉄砲だけを使い、徹底して接近戦を避けた。午後三時には戦いは決着している。「長篠の戦い」の結果は明瞭である。武田勝頼は再起不能となった。信長が遠征に出発する前に武田氏は滅亡した。有力な武将をほとんど失い、生き残った武将からも信頼を失ってしまった。

一方、信長・家康は無傷である。歴史的に例をみない一方的勝利に終った。鉄砲による戦術が一つの頂点を極めた、歴史的に画期的な合戦であった。

巻九

天正四年（一五七六）信長／四十三歳

15 鉄砲の普及

鉄砲の戦場への大量投入は信長だけではない。鉄砲の普及とともに、数千挺単位で使用されるようになった。特に、鉄砲先進地域でそれが顕著となった。

大坂ろうの岸より罷出《まかりい》で一万ばかりにて推しつゝみ、数千挺の鉄炮を以て散々《さんざん》に打立て、上方《かみがた》の人数くづれ、……

◎大坂方は楼の岸から打って出て、一万ばかりの軍勢で味方を包囲してきた。そこで数千ちょうの鉄砲でさんざんに撃ち込むと、上方の軍勢はひるんだ。

当時、既に信長に対抗する側も数千挺の鉄砲を揃えており、火器による攻防はそのスケールが一段とエスカレートしている。

一万の兵士に数千挺の鉄砲である。武器としての鉄砲は内輪に見積っても相手兵士の二割以上である。鉄砲による武装率は非常に高くなっている。

数千挺の鉄砲を用意した大坂方は、信長が遣わした上方の兵を包囲、鉄砲を打ち込み多くの上方衆が討死にした。

16　信長鉄砲で負傷・桶狭間の再現

多数の鉄砲に攻めたてられ、信長の主だった武将佐久間甚九郎・惟任日向守（明智光秀）・猪子兵介等の拠点、天王寺まで包囲されるありさまである。

止むなく、「桶狭間の合戦」の再現となった。信長は「桶狭間の合戦」以降二度と無謀な戦いを行わなかったといった信長の合理性の説明がなされがちであるが、事実ではない。

大坂の攻防でもう一度、「桶狭間の合戦」とほぼ同数、あるいは同比率の兵力による軍事行動が行われた。ただし、敵の大将の首をねらうのではなく、正攻法による敵の包囲網の中央突破である。

五月七日、御馬を寄せられ、一万五千ばかりの御敵に、纔《わず》か三千ばかりにて打《うち》向《むかわ》せられ、御人数三段に御備へなされ、住吉口より懸らせられ、……

◎五月七日、信長公はお馬を進められ、一万五千ばかりの敵に、わずか三千ほどの軍勢でたち向かわれた。軍勢を三段に配備して住吉方面から攻めかかられる。

三千の兵で、野戦の一段から三段まで陣立をしている。「天王寺救出作戦」である。自らはこの先手の足軽の中に紛れ込み陣頭指揮である。案の定《じょう》足に傷を負いながら、包囲網を打ち破り天王寺救援に成功した。大きなリスクを冒しても部下を見殺しにしない、信長はそれを行動で示した。

あまりに信長の合理性を強調する余り、二度と「桶狭間の合戦」の危険は行わなかったと言うのは嘘である。ここまで自分の部下を気遣ったその中に、明智光秀が含まれている事の方が何やら不気味ではある。

信長は先手の足軽に打ちまじらせられ懸廻り、爰かしこと御下知《ごげぢ》なされ、薄手を負《おわせ》られ、御足に鉄炮あたり申候へども、され共天道照覧《てんどうしょうらん》にて苦《くるしから》ず。御敵数千挺

の鉄炮を以てはなつ事降雨《ふるあめ》のごとし。

◎信長公ご自身は、先手の足軽にまじってかけ回り、「ここだ」「あそこだ」と指揮をとられていたところ、軽傷を負い、足に鉄砲の傷を受けられた。しかし神のご加護のおかげか、なんの支障もなかった。敵は数千ちょうの鉄砲から降る雨のごとく弾丸を撃って、……

雨・霰《あられ》と飛び交う鉄砲玉を掻い潜って突進する、信長の形相がイメージできる。足の傷だけで済んだことの方が奇跡である。この事実も自己神格化の遠因ではなかろうか。

17　ほうろく火矢の登場と船戦《ふねいくさ》

大坂での合戦は地上戦だけではない。木《き》津川《づがわ》河口の海上でも行われた。瀬戸内海を遊弋する能島・来島の水軍は強力である。毛利方の水軍は大船八百艘で来襲した。

ここで繰り出されたのがほうろく火矢である。この威力は絶大で、信長が出兵する前に勝負はついてしまった。信長方の水軍の敗北である。和船は木造で燃え易い。新兵器の登場である。ほうろくは燃えさかる火玉をはじき飛ばすカタパルトである。大坂方への食糧は確保された。

海上はほうろく火矢など、云ふ物をこしらへ、御身方の舟を取籠め、投入れ〱焼き崩し、多勢に叶はず、……

◎海上では、焙烙《ほうろく》（丸い道具に火薬をつめ、点火してそのまま敵中に投じ、爆発・発火させるもの）・火矢などというものをこしらえ、味方の船を立ち往生させて、つぎつぎと投げ込み船を焼き払ってくる。

信長のふねは「舟」と表示され小型舟である。中国安芸軍のふねは「船」大型船である。数の上でも、規模の上でも全く歯がたたない。

西国《さいごく》舟は勝利を得、大坂へ兵粮を入れ、西国へ人数打入れなり。

◎西国勢はこの戦で勝利をおさめ、大坂へ兵糧を補給し、西国へ軍勢を退却させてしまった。

本願寺は、また、元気づいた。この手痛い敗戦が新しい船の開発につながる。ちょうど丸一年後、甲鉄船の登場である。

巻十

天正五年（一五七七）信長／四十四歳

18 鉄砲の戦場でのコモディティ化

鉄砲も普及が進めば少なくとも戦場では、コモディティ化（日用品化）して行く。紀州攻めでも、大和平定でももはや鉄砲は通常兵器化して行く。雑賀では、

爰《ここ》を肝要《かんよう》と鉄炮を以て相拘へ候間、……

◎ここが大事と敵は鉄砲をもって防いだから、……

防戦は弓でなく肝腎な所では鉄砲が使われて、効果を発揮している。

松永弾正の一味は片岡城にたて籠り、……

天主へ詰寄《つめよ》せ、内より鉄炮・矢数《やかず》射尽し切て出で働く事、火花をちらし、つばをわり、……

◎城の天守へつめよった。中からは、鉄砲・矢を射尽くして切って出て来る。火花を散らし、つばを割るすさまじさ、……

もはや畿内のあっちこっちで鉄砲の発射音が聞かれたと言ってもよい。

19　鉄砲玉対策・竹たば

鉄砲が普及すれば、当然、鉄砲への対策も考案される。鉄砲を大量に保有する雑賀衆攻撃には鉄砲の玉避《よ》けが工夫された。竹たばである。

鈴木孫一居城取詰め竹たばを以て攻寄り、城楼《せいろう》を上げ、日夜あら〳〵と攻めさせられ、……

◎鈴木孫一の居城へかかり、竹束で弾丸を防ぎながら攻め寄り、やぐらを建て、日夜はげしく攻めさせられた。

「巻十一」でも播磨の城攻めで同じように、竹たばが使われている。

又翌日竹たばを以て仕寄り、本城塀際《へいぎわ》まで詰めよせ、塡草《うめくさ》をよせ築山をつき、攻められ候。

◎翌日はまた銃弾を防ぐための竹束を用意すると、城のへい際まで詰め寄せ、堀を埋めようと埋草《うめくさ》を集めて築山を築いて攻撃した。

砦・要塞攻撃では初期には堀を埋めるための塡草《うめぐさ》が用いられ、高い建設技術が求められる城楼《せいろう》も盛んに造られるようになった。守る側は鉄砲で工兵をねらい打ちする。攻める側は工兵を守るために竹たばで防御する。竹たばなら、材料に事欠かない。日本のどこにも生えている。当時の鉄砲玉は竹たばで十分対応できた。だから、更に威力を増した大鉄砲が使われる。武器の進歩に際限はない。

巻十一

天正六年（一五七八）信長／四十五歳

20　大砲による城攻め、城楼《せいろう》と大鉄砲のコンビネーション

鉄砲攻撃に対応する築城は天正四年（一五七六）、安土城を嚆矢として既に始まっている。武器の伝播と鉄砲対応の築城も、ほとんど同時に進んで行く。より威力のある大鉄砲は既に元亀元年（一五七〇）、野田・福島で使われ、天正二年（一五七四）河内長島進攻にも使われた。

城楼《せいろう》から大鉄砲を城内に打ち込めば、塀も矢蔵（櫓）も破壊できる。城攻めも高度化して行く。

先《まず》一番に城楼《せいろう》高々と二つ組上げ、大鉄炮を以て打入れ、堀を填《うめ》させ築山を築上《つきあ》げ、攻められ、……。かねほりを入れ、城楼《せいろう》を上げ、大鉄炮を以て塀《へい》・矢蔵《やぐら》打くづし、

矢蔵へ火を付け焼落《やきおと》し、此外諸手手前《てまえ》々々に城楼・築山をつき、日夜責められ、……

◎まずはじめにやぐらを二つ高々と組み上げ、大砲を打ち込み、堀を埋めさせ築山を築いて攻撃した。滝川左近は南から東へかけて攻撃した。人夫を入れてやぐらを組みあげ、大砲で敵方のへい、やぐらを崩し、やぐらへ火を放って焼き落とした。このほか諸勢がそれぞれにやぐら、築山を築いて日夜攻撃した。

何事も単発では効果は薄い。二つ三つ組み合せれば相乗効果（シナジー）を生み効果は四倍、五倍も期待できる。

鉄砲は狙い易さが決めてである。大鉄砲も効率を上げるためには遮蔽物を除くに如《し》くはない。城楼《せいろう》も一基よりも二基の方がよい。低いものより高い方がよい。鉄砲の効率には周辺の整備も欠かせない。前準備によって城攻めは決定するようになった。

築城の思想も変化せざるを得なくなる。堀は幅が広く深くなり、高い石垣が標準装備となり、然も急勾配になって行く。

かねほりは銀山の鉱脈を掘る人夫である。世界遺産の石見銀山（大森銀山）は、既に天文二年（一五三三）に開発されている。間歩《まぶ》（坑道）を掘る技術も発達し続けている。天文十一年（一五四二）には但馬の生野銀山も発見された。かねほりも高度な技術集団化していた。信長の軍制にも編入されている。

21　九鬼水軍の大船と大鉄砲の一斉射撃

木津川口《きづがわ》で能島・来島の村上水軍に、こっぴどく打ちのめされた信長は、伊勢の九鬼右馬允に大船六艘の建造を託した。更に、滝川一益にも大船を一艘造らせた。紀伊半島を一周した船団は和泉沖に到着した。

雑賀衆の小舟が、この船団をとり巻き矢・鉄砲を打ち始めた。

雑賀・谷輪浦々の小船、数を知らず乗懸け、矢を射懸け鉄炮を放懸《はなしか》け、四方より

攻め候なり。

◎雑賀・谷の輪など浦々の小舟が数知れず漕ぎ寄せ、矢を射かけ鉄砲を放つなどして四方から攻撃をかけてきた。

おびただしい小舟が、大船七艘に群がって来た。九鬼船団は七艘に小舟も従えて来た。

敵舟を間近く寄付《よせつ》け、愛《あい》しらふ様に持《もて》なし、大鉄炮一度に放懸《はなしか》け、敵舟余多《あまた》打崩し候の間、其後は中々寄付行《よりつくてたて》に及ばず、……

◎敵船を間近く引きつけ適当にあしらっておいて、大砲をいっせいに放って敵船を多数破壊してしまったから、その後は敵もなかなか近づく手段が見つからず、……

敵の小舟を十分近付けて、小手調べのように、大鉄砲を一斉射撃した。普通の鉄砲と違い大鉄砲の破壊力は、既に何度も実証済みである。この威力を見せ付けられては鉄砲で武装した小舟は、大鉄砲の射程距離の外に逃げるしかない。こうして、大船の船団はなんなく堺港に着岸している。大型船と大鉄砲。スケールアップの勝利である。破壊力の差は歴然である。

次は大坂沖に向かい、毛利軍の大坂の一揆方への補給線を絶つことである。海上封鎖である。

十一月六日、舟軍《ふないくさ》開戦である。

初めは九鬼支合《ささえあ》ひ候事成難《なりがた》く見え候。六艘の大船に大鉄炮余多《あまた》これあり。敵船を間近く寄付《よせつ》け、大将軍の舟と覚しきを、大鉄炮を以て打崩し候へば、是に恐れて中々寄付かず。数百艘を木津浦へ追上《おいのぼせ》、……

◎はじめのうち九鬼軍は防ぎがたいように見えたが、六そうの大船には大砲が数多くあった。そこで敵船を間近に寄せつけておいて、大将軍の乗船と思われる船に見当をつけて大砲を発して打ち崩したから、敵船は恐れをなしてそれ以上寄せて来なかった。そのうえ数百そうの敵船を木津浦へ追いこんだ……

九鬼右馬允は大鉄砲を温存している。大鉄砲の破壊力が、最大化する間合いを見計らう必要がある。第三者が見れば、九鬼水軍が不利に見える。又、敵の旗艦を見極めることも重要な作戦である。

「桶狭間の合戦」も同様、敵の大将の首を上げれば後は烏合の衆である。九鬼水軍には大量の大鉄砲が搭載されている。旗艦と思しき船への集中攻撃である。

ビジネスでも戦争でも同様で、「選択と集中」が実践され、最大の効果が得られる。四百三十年前も変わらない。しかも、和泉沖で九鬼船団は既に練習も積んでいる。効果は立証済であり、マイナーな修正もできたはずである。万全の態勢で臨んだ海戦である。

こうして、大坂と瀬戸内海は完全に分断された。

22　その後の鉄砲軍《いくさ》

大坂での舟軍《ふねいくさ》の勝利にもかかわらず、摂津では荒木村重の謀反で、情勢は混迷し続けている。あっちこっちで鉄砲が使われている。大坂から尼崎と伊丹への要所に、安部二右衛門なる人物がおり、一旦信長に通じながら、親と伯父の説得で、翻意してしまった。

二右衛門、蜂屋・阿閉《あつじ》両人陣取りの所へあしがるを出し、鉄炮打入れ、御敵仕候由申候。

◎二右衛門は蜂屋・阿閉の信長方の陣所へ足軽を出し、鉄砲を射込んで、「御敵になり申そう」と申し入れた。

信長方の蜂屋兵庫頭と阿閉淡路守の陣に、鉄砲を打ち込んで来た。大坂の門跡（本願寺法主）に荒木村重から不義はできないからである。信長からもらった黄金二百枚も返却する羽目になった。

伊丹攻撃は逆に信長方が鉄砲衆で攻撃を仕掛けているが、信長方の損失も出ている。鉄砲による銃撃戦が日常化している。

諸卒伊丹へ取寄り、堀久太郎・万見仙千代・菅屋九右衛門両三人御奉行として鉄炮放《はなち》を召列《めしつ》れ、町口へ押詰め、鉄炮をうたせ、……万見仙千代討死候。

◎織田方の諸兵は伊丹へ押し寄せ、堀久太郎・万見仙千代・菅屋九右衛門の三人が奉行となって鉄砲隊を率い町口へ押しこんで、鉄砲をうたせた。……万見仙千代が討ち死にした。

三奉行の一人が戦死した。激戦が繰り広げられた。

巻十二

天正七年（一五七九）信長／四十六歳

23 鉄砲による最初の自害と処刑

天正七年（一五七九）に至り、牛一の筆に鷹野の記述が繰り返されて来る。四月には「御狂《おくるい》」（模擬合戦）などで信長も気晴しが絶えない。相模国の北条氏政もしきりに信長への付け届けを怠らない。

そんな中で注目したいのは、本邦初の鉄砲による「自害」と「銃殺刑」の執行である。鉄砲が普及すればいずれ起こる事ではあるが、天正七年十二月に、相い次いで起きている。

池田和泉一首をつらね、

露の身の消えても心残り行くなにとかならんみどり子の末

とよみ置き、其後、鉄炮に薬をこみ、おのれとあたまを打ちくだき自害仕候。

◎池田和泉守が、城の成り行きを何と見たのであろうか歌一首を、

露の身の消えても心残り行くなにとかならむみどり子の末

（露のようにはかないわが身はそのことばどおりこの世から消え失せたとしても、ひとつ心残りなものがある。それは幼い子供たちのことであって、この子たちの将来が何とかならないものであろうか）

と詠みおくと、そのあとで鉄砲に火薬をこめ、自分で頭を撃ちくだいて自殺してしまった。

幼い子供を残して先立つのはつらかろうが、自分で鉄砲に火薬を詰め、頭を打ち抜いての自害である（十二月一日）。とうとう、鉄砲が自殺に使われた初見である。この自害の十二日後、十二月十三日に今度は銃殺刑、これも本邦初、公開の処刑が取り行われた。しかも、武将ではなく女房達の処刑である。

百二十二人、尼崎ちかき七松と云ふ所にて張付に懸けらるべきに相定め、各《おのおの》引出だし候。さすが歴々の上臈達、衣装美々《びび》敷き出立《いでたち》、叶はぬ道をさとり、うつくしき女房達並び居たるを、さもあらけなき武士共が請取り、其母親にいだかせて引上げ〳〵張付に懸け、鉄炮を以てひし〳〵と打殺し、鑓《やり》・長刀《なぎなた》を以て差殺し、害せられ、百廿二人の女房一度に悲しみ叫《さけぶ》声、天にも響《ひびく》ばかりにて、見る人、目もくれ心も消へてかんるい押え難し。

◎「百二十二人を尼が崎の近くの七松という所ではりつけにする」と定め、それぞれの婦女子を引き出した。さすがに名のある武士の妻女たちであるから美々しい衣装で最後を飾り、かなわぬ運命とすっかり悟っておられた。これら美しい女房たちの並んでいる所をさも荒々しい武士たちが連れ出し幼児はその母親に抱かせたまま引き上げてはりつけにかけ鉄砲でもってつぎつぎと撃ち殺し、槍・長刀でもって刺し殺したので、百二十二人の女房たちが一どきに悲しみ叫ぶ声は天にも響くばかりであって、見る人の目もかすみ心も消え入って恐ろしさに涙にむせんだことであった。

荒木村重一族は家族を人質に残したまま、逃亡した。百二十二人もの子女が一度に処刑された。張り付けにした上、まず鉄砲による銃殺である。公開の処刑だけに、立ち会った信長方の武将までも震撼させている。目も当てられないとは牛一の常套句である。大量の処刑には鉄砲が効率的であるのは皮肉である。

鉄砲を打ち込んだ後に、念のため、鑓《やり》と長刀《なぎなた》を突き差している。信長の恨みはそれ程深かかった。

見物した群衆は、この残虐な光景が二十日も三十日も目に焼きついて消えなかった。今まで、鉄砲は戦場での殺人兵器であった。その威力は誰も聞き知っていた。ごく普通の民衆まで鉄砲の実射を目撃し、そのむごたらしい様子に慄然とするのも当然である。

処刑は更に続く。五百十余人もが四軒の家に閉じ込められ、外には乾燥した草が積み上げられ、焼き殺されている。まさに焦熱地獄さながらである。火が回ると火の中の人々が、焼いた魚がのけぞるように折り重なる様を牛一は具体的に描写している。

荒木村重の女房たち等は京都六条河原でつゆと消えている。村重が恃《たの》みとした毛利勢は救援に駆けつける事はなかった。

巻十三
天正八年（一五八〇）　信長／四十七歳

24　日本初の相撲ナイター

天正八年（一五八〇）に入り、北国・西国の平定は順調に進展して行く。大坂の本願寺でも本門跡（法主）が紀伊雑賀に退出した。

「巻十三」の項ではあまりに凄惨な信長の処刑が年末に集中したので、愉快な行事を一つ紹介しておこう。これも、信長のアイデアで本邦初の試みである。安土城内で天正の相撲ナイターが開催された。六月二十四日、真夏である。

国中の相撲取召寄せられ、御山（安土城内）にて御相撲あり。払暁より夜に入り、挑灯《ちょうちん》にてこれあり。麻生三五《さそう》取勝《とりすぐり》六番打ち仕る。

◎国中の相撲取りをお召しになって、安土城でお相撲の催しがあった。夜明けから行われて夜にいたり、提灯《ちょうちん》の灯のもとで続行された。麻生三五は勝ち続けて六人抜きをする。

安土城も真夏の日が照りつける。夜明けから取り進みとうとう周りは暗くなってしまった。夏の昼間の長い季節である。トーナメントか、勝ち抜きか、麻生三五は六回も勝っている。トーナメントであれば、六十四人以上が参加した事になる。あるいは、真昼は休憩して、日が傾きかけてから後半の相撲を取り進んだかとみえる。夜に入って会場の周りに、信長のことだから、おびただしい数の提灯《ちょうちん》が吊られた。信長は相撲までも幻想的にしてしまう。相撲もエンターテインメント化した。

この提灯灯《とも》しに味をしめた信長は、翌年（一五八一）七月十五日に、今度は安土城と域内の惣見寺のライトアップを挙行している。信長は一つの成功事例から、次々と新しいアイデアを増殖させる男である。

七月十五日、安土御殿主（天主）、并に惣見寺に挑灯余多《ちようちんあまた》つらせられ、御馬廻の人々、新道・江の中に舟をうかべ、手々《てんで》に続松《タイマツ》とぼし申され、山下か、やき、水に移り、言語道断《ごんごどうだん》面白き有様、見物群集に候なり。

◎七月十五日、信長公は安土城のご天守閣ならびに総見寺に提灯を数多くつるさせ、お馬回りの人びとが、新道・江堀に船を浮かべ、手に手に松明《たいまつ》をともし申した。城も城の下も輝き、水に映って何とも表現しようのない風情のあるありさまで、見物の者が多数集まったのであった。

盆に提灯を灯《とも》す行事は、今でも尾張の神社で行われている。あるいは、信長の安土城ライトアップが、その起源であるかもしれない。安土城と町屋の間には広い入江がある。安土城へ直線に伸びる大手道、前に繰り出された小舟のたいまつ。実に壮観である。牛一の筆舌にも尽くし難い。

城下の住人も大いに楽しんだ。提灯は和《なご》む光である。昨今のレーザー光線のようにけばけばしくない。間接照明である。ぎすぎすした戦国の世に、信長は城下に癒しの一時を演出している。「本能寺の変」（一五八二）の一年前である。

巻十四

天正九年（一五八一）　信長／四十八歳

25　火薬を使った爆竹《さぎちょう》遊び

ライトアップの次は、火器を遊び心に応用する信長の才能である。天正九年（一五八一）正月十五日の左義長《さぎちょう》に爆竹の趣向が取り入れられた。正月八日、馬廻りに爆竹の準備が命ぜられた。実行部隊は近江衆である。

左義長、あるいは三毬灯《さぎちょう》は小正月（一月十五日）の行事、どんど焼である。宮廷の年中行事として始まったとされる。左義長は厄払いである。左義長には火がつきものである。書き初《ぞ》めの清書などが焼かれる。

信長はこの左義長を、また、例の遊び心で、自分流に、爆竹大会に換骨奪胎している。自分の部下と安土城下の住民の慰撫に変えてしまった。

細長い竹筒に鉄砲の火薬を詰め、この竹筒を数本づつ束ねて、火を付けて爆発させる。祝いごとに用いられたらしい。贅沢な遊びである。遊びごとには金を吝《おし》まないのが信長である。正月十五日のどんど焼は、爆音を利かせた爆竹大会の余興付きとなった。

正月八日、御馬廻、御爆竹《さぎちょう》用意を致し、頭巾《づきん》装束結構に致し、思ひ〳〵の出立《いでたち》にて、十五日に罷出《まかりい》づべきの旨御触れあり。江州衆へ仰付けられ、御爆竹申付くる人数、

……

◎正月八日、信長公はお馬回りの者たちに、「十五日の左義長《さぎちょう》（どんど焼）の行事に、爆竹を用意し、頭巾をつけ正装をして、めいめいが準備して臨むように」と命じられた。信長公が仰せつけになった爆竹担当の近江衆は、……

小正月の一週間前に馬廻りに準備委員会を発足させ、実行担当は近江衆である。近江は尾張・美濃より京に近い。左義長は近江では広く普及しているから手慣れている。適材適所である。

乗馬に頭巾《ずきん》（かぶりもの）着用が義務づけられ、奇抜な装束（コスチューム）に眉墨を引く念の入れようである。まさに、仮面乗馬大会である。

馬の後に長いひもを取り付け、ひもに竹筒の束が結《ゆ》わえられた。火を付ければ火花が飛び出す。花火をひきずりながら、安土城下の通りを全速力の馬が駆け抜ける。危険ではあるが、住民は思わぬイベントに大喜びである。信長の息子達も参加した一大イベントである。

これに気をよくした信長は、翌天正十年（一五八二）も、同じ趣向で、又、近江衆に爆竹を命じた。二回目は規模を拡大し、五畿内衆・隣国の大名・小名まで参加が命ぜられた。

二番、五畿内衆・隣国大名・小名、
三位中将信忠卿・北畠中将信雄卿・織田源五・織田上野守信兼、此外御一門、
四番、信長公。

◎二番目は五畿内衆・隣国の大名・小名方であった。つづいて三位中将信忠卿・北畠中将信雄卿・織田源五殿・織田上野守信包殿、このほかご一門の方々がお入りになった。四番目に信長公がお出ましになった。

錚々たる面々、豪華キャストである。イベントにはできるだけ広く参加する配慮がなされるところに信長の人心収攬のすばらしさがある。参加する事に意義がある。

信長は南蛮笠をかぶり、派手な装束で登場している。この爆竹大会の成功に気をよくした信長はすぐ後で、京都での馬揃へと進んで行く。火薬の使用は合戦での鉄砲に使うだけでは芸がない。部下の武将に戦《いくさ》とは別のイベントで達成感を味わわせる。城下の住民も大喜び、一石二鳥で信長のアイデアが遺憾なく発揮された。

火薬に関しては「巻五」の項で大筒に関しても取り上げた。大筒も爆竹塩硝では共通している。鉄砲には火薬が必要であるが、鉄砲抜きで火薬だけが活用されたことは注目に値する。火薬はエンターテインメントにも使われた。

26　数千挺の弓・鉄砲の使用

羽柴筑前守秀吉は鳥取城攻略に進軍、鳥取の干殺《ほしごろし》作戦に着手した。秀吉得意の長期戦・持久戦の城攻めである。兵力はその数二万余騎である。ここで注目すべきは、秀吉の単独軍だけで数千挺の弓・鉄砲が装備されている。合計二万の兵に数千挺の割り合いである。

幾年も在陣すべき用意生便敷《おびただしき》次第なり。芸州（安芸）より後巻候はゞ、二万余騎の人数の内数千挺の弓・鉄炮勝《すぐり》出し、一番に矢軍《やいくさ》させ、……

◎このあたり一帯には、何年でも在陣できるような準備をおびただしく行っていた。筑前守は、「安芸の国から援軍が参ったら二万余騎の手兵のうち、数千人の弓、鉄砲の者を選び出して、まず矢戦《やいくさ》をしかけよう。

秀吉は信長の中国方面軍である。その方面軍だけで、数千挺を選《よ》り分けている。秀吉の兵站への傾注と、武器の準備の周到さを窺《うかが》い知ることができる。鉄砲の増々の普及の証左として無視できない。

巻十五

天正十年（一五八二）　信長／四十九歳

27 鉄砲長竹《だけ》木

いよいよ、『信長公記』も最終巻である。天正十年（一五八二）正月朔日（一日）、安土城で不吉な事故が起こった。新年の参詣に多数の群集が惣見寺に押しかけ、築垣《つきがき》が踏み崩され、石と群集が山の傾面から落ちてしまった。死者は多数、負傷者も数を確認できない程であった。

安土城天主が一門衆、他国衆、在安土衆の順にお披露目された。信長も絶頂期に達した。

武田勝頼は信長が出兵する前に滅亡した。信長は甲斐・駿河を回って安土に戻っている。

甲府から駿河に至る道は、家康によって整備し尽くされている。

家康公御念を入れられ、路次通り鉄炮長竹木《だけ》を皆道《かいどう》（街道）ひろぐくと作り、左右にひしと透間なく警固を置かれ、石を退《の》け、水をそゝぎ、御陣屋丈夫に御普請申付け、二重《へ》・三重《へ》に柵を付置き、……

◎家康公は念を入れて、道筋を鉄砲隊が竹木を伐り払って道を広くし、道の左右にはびっしりとすき間もなく警固の兵を配置し、じゃまな石を取りのけ、打水をされた。お泊まりのご陣屋にはりっぱな普請を申し付け、陣屋の周囲には二重、三重の柵を設けさせられた。

家康の信長への気の使い方は、常軌を逸する程である。

「鉄砲長竹木《だけ》」とは何か、鉄砲とどんな関係があるのか。はたして鉄砲の丈《たけ》（長さ）なのか。いずれにせよ、信長が通過する前に家康は徹底的な道路整備を行った。

具体的には、馬の歩行を考えてダートコースから石を選《え》り抜いた。馬の蹄《ひづめ》を損傷させないためである。一定の間隔で、茶店も設けている。しかも、そこには二重三重の厳重な柵まで張り巡らした。信長の完璧主義を骨の髄まで識らされているのが、家康である。

道路は幅を鉄砲の長さ分に広げられた。信長も格別の手配を賞讃している。

28 御殿へ鉄砲を打入れる

天正十年（一五八二）六月朔日（一日）夜半、明智光秀は軍を率いて、京と摂津の分岐点、老の山に到着。

二日早朝、信長の御座所本能寺を包囲した。

既に信長公御座所本能寺取巻き、勢衆四方より乱れ入るなり。信長も御小姓衆も、当座の喧嘩《けんか》を下々の者共仕出し候と思食《おぼしめ》され候の処、一向さはなく、ときの声を上げ、御殿へ鉄炮を打入れ候。是は謀叛《むほん》歟《か》、如何なる者の企ぞと御諚の処に、森乱（乱丸）申す様に、明智が者と見え申候と言上候へば、是非に及ばずと上意候。

◎光秀らは、はやくも信長公の御座所である本能寺を取り巻き、その軍兵が四万から乱入してきた。信長公もお小姓衆も、はじめその場かぎりのけんかを下々の者がしでかしたものと思われたが、いっこうにそうではなく、敵勢はときの声をあげ、御殿に向かって鉄砲を撃ち入れてきた。信長公が「さては謀反か、いかなる者のしわざか」とお尋ねになったところ、森乱〈蘭丸〈長定〉〉が、「明智の手の者と思われます」と申し上げると、「やむをえない」と覚悟なされる。

「本能寺の変」の次第も語り尽されている。

本書は「信長と鉄砲」について論じてきた。鉄砲を識り尽くし、最大限活用して来た信長に、今、容赦なく鉄砲が打ち向けられた。

秀吉軍が弓・鉄砲を数千挺揃えていることは、既に「鳥取城攻撃」（一五八一）に記述されている。明智軍もほぼ同等の装備は持っていたはずである。下々の者達のけんかどころではない。矢と鉄砲玉は雨のごとく、本能寺に降りかかったであろう。

光秀も百戦練磨の独立軍である。攻撃は機能的に行われた。信長は光秀の軍事力も手腕も分かっている。気性も知っている。謀反《むほん》に及んだ上は周到である。よもや自分を討ち損じることはあるまい。

これが「信長と鉄砲」の運命であるなら、是非もなかろう。悲しくも哀れな信長の最期である。

奇《く》しくも太田牛一は、一命をとり止めた。信長の最期を淡々と綴っている。

あとがき――信長と私

尾張の真中、愛知県岩倉市に生まれた者には、信長は先祖の敵《かたき》である。豊かな尾張の上の四郡、丹羽郡・葉栗郡・中島郡・春日井郡を領有しながら、岩倉城主織田伊勢守は信長に敗北した。岩倉市民なら、耳にたこができる程聞かされ続けた歴史である。信長の尾張統一は「岩倉攻略」をもって完成した。

岩倉の抵抗など、歴史家は一顧もしない。岩倉の住民には、信長への抵抗意識はない。信長など、織田の宗家《そうけ》から見れば末席のはみ出し者に過ぎない。岩倉は信長の抵抗勢力ではない。

数年前、時の日本の首相（小泉純一郎）が郵政改革を絶叫するのを見聴きした。現状を維持すること（上の四郡を今まで通り穏やかに支配すること）そのものも既得権の存続であり、それを破壊しようとする側からは、死守する、あぐらをかいていると指弾された。攻める側は刺客まで送り込む。我々の側には何の咎もない。親の遺産を受け継ぎ、平穏を心掛ける。

南方の清須《きよす》で騒々しい信長など、岩倉側から見れば身分の卑しい成り上り者である。そんな者に抵抗する理由など何もない。自分の都合のよい時だけは出費の多い加勢(たのみ勢)を要求して来る。ニューサンス以外の何ものでもない。こんな輩《やから》が人心を収攬するから、とうとう織田氏の仲間同士の合戦となる。岩倉にとってはひどく迷惑である。

岩倉は地味豊かで、低地の清須のように数年に一、二度の洪水の心配もない。他人の収穫物を掠め取る必要もない。次・三男や下人を農業労働力とする中規模の中世農業経営から、小規模の単婚家族による近世農業に移行している。勤労意欲が高く何でも育つ。単婚家族単位の個人主義、自由主義はきわめて強い。しかし、戦国時代は岩倉の静謐を許さない。

世の中は刻々と変化している。人はこれを進歩とか前進と呼ぶ。我々、岩倉側から見れば信長など田舎臭い野心家に過ぎない。しかし、世の中は大きく振れる。戦国の世に局地的なユートピアは許されない。

もし、織田伊勢守が「浮野の合戦」（一五五八）で信長を倒し勝利していたら、日本の歴史は別の進化へと向かったであろう。しかし、歴史にイフはない。信長を憎む気持は四百年後に生を受けた、岩倉のネイティブには根強く残っている。かたや、他府県の人々と歴史を語ると、信長がいかに卓越した人物か、同郷人の誉れとして自慢する。あたかも自分のことのように。家康よりも恰好《かっこう》いい。秀吉のように泥臭くない。

実は信長の方が名古屋弁は強かったはずなのに、ドラマでは名古屋弁を使わない。信長は侍である。秀吉は土木工事現場の監督である。家康はずるい。信長はいくら褒めても嫌味がない。信長についてのちょっとした知識で日本人の聞き耳を立たせられる。同郷人として鼻が高い。

『信長公記』は、私にとっては便利な資料である。しかし、「首巻」を読む度に信長への憎悪は募る。けれども「巻一」以降は信長への敬愛の情は揺ぎ無きものとなる。

本書でも「第一部　首巻の部」では信長を批判的に、「第二部　巻一〜巻十五の部」以降はべた褒めになってしまったような気がする。これも岩倉市人間のＤＮＡのなせる業と御理解頂きたい。

『信長公記』の鉄砲関連の記述は網羅した。鉄砲を通じて信長についての新しい発見もできた。

「信長と私」の永遠の葛藤を告白し、「あとがき」と致します。尚、末尾に「信長と鉄砲」の簡単な年表を付記します。

二〇一〇（平成二十）年二月

浅野忠夫

追記――夫の遺品

夫の遺品を整理していたら、原稿用紙の束が幾つか見つかり、本にしてあげたら喜んでくれるかもしれない、との思いがつのり、出版経験のある友人に相談したところ、論創社の森下紀夫さんを紹介していただきました。

原稿を読んでいただいたところ、信長関連の本は数多くあるが、『信長公記』をテキストにして、その中から「鉄砲」の項目を抜き出し、信長と鉄砲の関係を論じる、その着眼点は非常に面白いと言ってくださいました。

原稿用紙の束のひとつに、『信長公記　首巻の地名事典』と題された原稿があり、次のような文章がありました（未完成なのがおしまれます）。

「尾張の国岩倉に生を受けた者には、『信長公記』の首巻の冒頭でいきなり岩倉の地名にでくわすことで複雑な気持ちになってしまう。織田信長にとって岩倉がどんな位置を占めていたのだろうか。信長にとっては憎い敵（かたき）方であったのか。あるいは、愛人の居る生駒屋敷へ通う途中の知恵を授かる伯母の家か。思いは尽きない。

更に、首巻を読み進めていくと、沢山の当時の尾張、美濃、三河の地名が述べられている。ところが、既刊本による脚注や補注での地名の解説があまりにもおそまつである。歴史事実を説明しながら、その舞台である場所が実に勝手な解釈ばかりである。

信長が若き日、尾張を駆けめぐり、合戦に明け暮れた場所を現場にも当らず、可成いいかげんな資料の引用で済ませてしまう歴史書があまりにも多く嘆かわしい。同じ尾張に六十年生きた者として、四百五十年前の信長の足跡をできるだけ正確に把握する事で、信長の当時の気持をありのままに汲み取れるものと信じるようになった。」

日頃はアメリカのロサンゼルスに居住していた主人ですが、日本滞在中は、それこそ鬼のようになって愛知県・岐阜県・琵琶湖周辺・京都周辺の信長の生きた歴史舞台の地名探索にあけくれていました。

何十冊もの「フォトアルバム」が残されていますが、お寺の写真、城跡の写真、信長の銅像の写真にはさまる形で、地図・図版の類いもまたびっしりと収まっています。何十冊もある「大学ノート」にも細かい文字が綴られ、そこに新聞記事やら、雑誌の切り抜きやら、パンフレットの類いが貼られています。

退職後は、より多くの時間を費やして、強い探究心で徹底的にその場（シーン）に足を運び、空気を感じてその思いを文章にしていたようです。

完成していた原稿は残念ながら『信長と鉄砲』の本書だけでしたが、信長を敬愛する郷土の人たちにとどまらず、多くの信長ファンに読まれたら、これほどの喜びはありません。

二〇二三年五月

浅野 恵美子

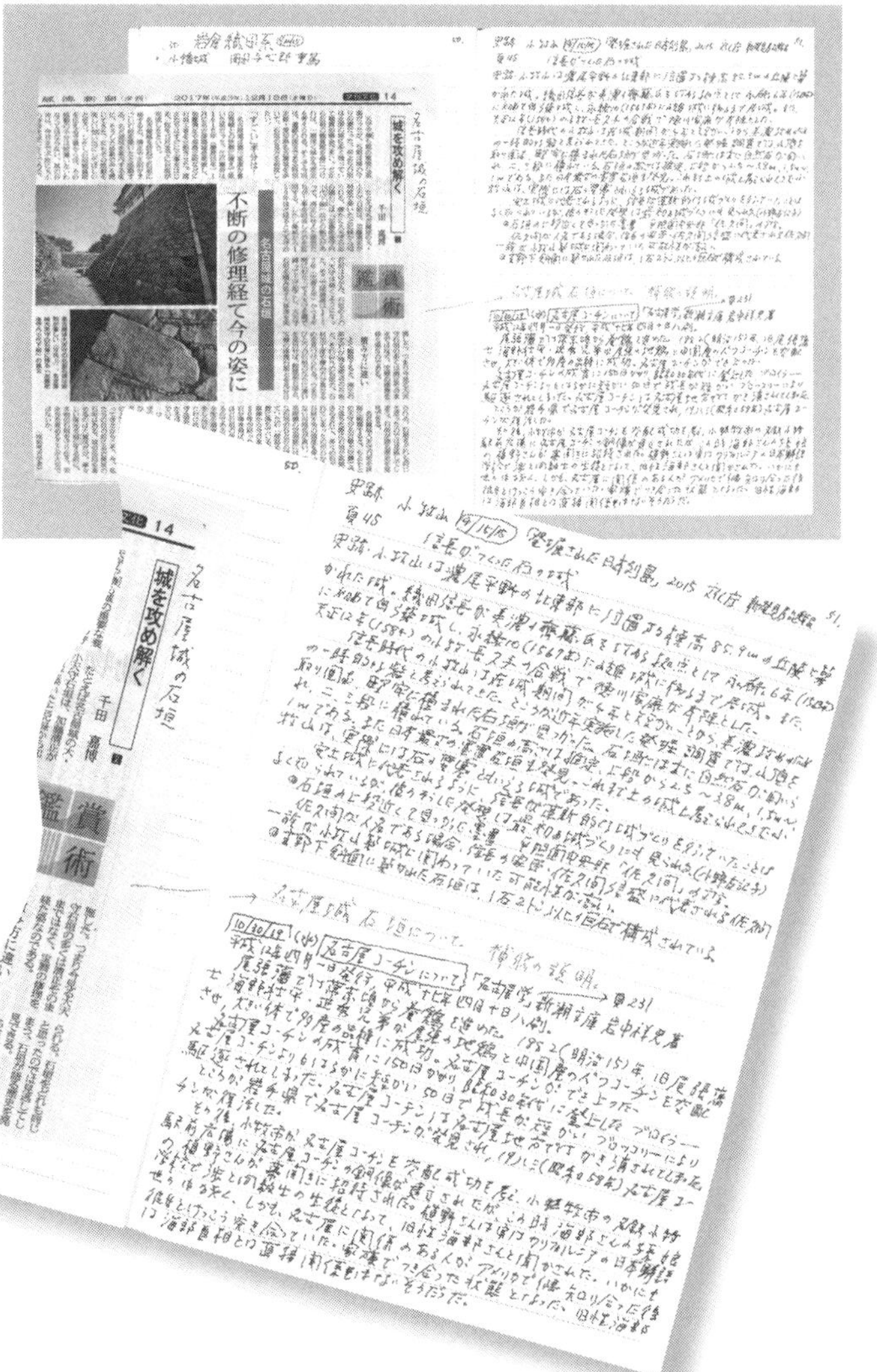
名古屋城の石垣
城を攻め解く
千田嘉博
不断の修理経て今の姿に
鑑賞
美術

年表　一四七六～一五八二

西暦	和暦	信長年齢	特筆事項
一四七六年	文明8年		スイス、ベルン近郊の「モラトの戦い」で、スイス軍・フランス軍で、計1万挺以上の携帯カノン砲が使われた。
一五〇九年	永正6年		朝鮮史料で、倭船が鉄筒と長箭を持っていたと記す。
一五一〇年	永正7年		『北条五代記』に、堺で北条氏の家臣が鉄砲を購入とする。
一五二〇年頃	永正17年頃		ポルトガル人が、中国にカノン砲を伝える。(DK publishing 'WEAPON' より)
一五三四年首巻	天文3年	1歳	信長、織田信秀の嫡男として、尾張西部勝幡城に誕生。
一五四三年首巻	天文12年	10歳	ポルトガル人、鉄砲を種子島に伝える。

一五四九年 首巻	天文18年	16歳	尾張冨田正（聖）徳寺で、舅斎藤道三と会見。 信長、鑓の長さで優る。 フランシスコ・ザビエル、鹿児島上陸。
一五五二年 首巻	天文21年	19歳	「深田・松葉の戦い」。 信長の父、信秀病没。天文18年、20年説等有。
一五五三年 首巻	天文22年	20歳	尾張鳴海周辺で「赤塚の合戦」。
一五五四年 首巻	天文23年	21歳	「村木砦攻め」。信長自ら鉄砲で敵の狭間の射撃。
一五五五年 首巻	天文24年・ 弘治元年 改元10月23日	22歳	鄭舜功によると、九州各地、和泉で鉄砲が盛んに製造される。
一五五六年 首巻	弘治2年	23歳	斎藤道三、息子義竜に討たれる。信長は美濃南部及《およ》へ出兵。殿《しんがり》で鉄砲を活用。 信長、尾張稲生で柴田勝家等と戦う。

一五五八年 首巻	弘治4年・ 永禄元年	25歳	尾張「浮野の合戦」で、上の四郡支配者岩倉織田氏を破る。鉄砲と弓による一騎討ちが行われた。
一五五九年 首巻	永禄2年	26歳	2月、信長上洛。 岩倉織田滅亡。城攻めで鉄砲を使用。 足利義輝、大友宗麟が献上した鉄砲を、上杉謙信に与えた。
一五六〇年 首巻	永禄3年	27歳	信長、尾張「桶狭間の戦い」で今川義元を討ち取る。
一五六一年 首巻	永禄4年	28歳	美濃道三の嫡男、斎藤義竜病死。5月11日。 信長、西美濃森部・軽海・十四条で美濃勢と合戦。
一五六二年 首巻	永禄5年	29歳	松中元康（家康）と同盟。
一五六三年 首巻	永禄6年	30歳	信長、拠点を清須から小牧山城へ移す。

一五六五年 首巻	永禄8年	32歳	判物で尾張で鉄砲を狩猟に使う許可を発布。 犬山城陥落。織田信清、甲斐へ走る。 信長、美濃堂洞を攻略。
一五六七年 首巻	永禄10年	34歳	西美濃三人衆、調略により信長に下る。 斎藤義竜の子、竜興を稲葉山城から退出さす。 井の口を岐阜と改名。信長、入城。
一五六八年 巻一	永禄11年	35歳	信長、足利義昭を奉じて上洛。
一五六九年 巻二	永禄12年	36歳	伊勢「大河内城攻め」。軍制で鉄砲衆の位置確認。合戦当日は、雨天で鉄砲使用できず。 信長、河内長島を除く伊勢を平定。
一五七〇年 巻三	永禄13年・ 元亀元年 改元4月23日	37歳	信長、越前「朝倉攻め」。浅井長政の挙兵で撤退。京都まで逃げた。 千草越えで、杉谷善住坊によって、鉄砲で狙撃されるも、信長無事。 浅井長政の「小谷城攻め」からの撤退で、鉄砲500挺をかき集め殿《しんがり》を命じた。

近江「姉川の合戦」で信長・家康連合勝利。
大坂「野田・福島の攻防」で初めて大鉄砲を打ち込む。
根来・雑賀・湯川衆合計で、三千挺の鉄砲を揃えて信長に対抗。
河内「長島一向一揆」で、小木江城の信長の弟、信興討たれる。
近江勢田に鉄綱《かなづな》を使用の舟橋構築。

一五七一年 巻四	元亀2年	38歳	河内長島攻略で、一揆方から鉄砲で逆襲さる。 信長、「比叡山延暦寺を焼き討ち」。
一五七二年 巻五	元亀3年	39歳	竹生島を大筒で攻撃。 家康、三方ヶ原で大敗北。
一五七三年 巻六	元亀4年・天正元年 改元7月28日	40歳	琵琶湖で大船建造。 足利義昭を追放。 武田信玄、信濃駒場で病没。 天正改元7月28日 朝倉義景、浅井久政・長政、信長に討ち取られた。

				信長を狙撃した杉谷善住坊、捕縛され岐阜で極刑に処される。 伊勢「大河内城攻め」で雨天のため又、鉄砲を使えず。
一五七四年	天正2年	41歳	巻七	正月、漆塗りの義景、久政・長政の骸骨披露される。 信長、東大寺の蘭奢待を切り取る。 家康に兵糧として、黄金皮袋二つ送る。 伊勢河内長島で信長、大鉄砲を使用。「長島一向一揆」終結。
一五七五年	天正3年	42歳	巻八	奥三河「長篠の戦い」で、信長・家康連合軍、鉄砲三千挺を使い、武田勝頼の騎馬軍団を撃破する。
一五七六年	天正4年	43歳	巻九	大坂攻めで、大量の鉄砲使用。 ほうろく火矢船、初見。 信長、足に鉄砲傷を負う。 安土城普請着手。鉄砲対策した城を構築。 石山本願寺、数千挺の鉄砲を準備。

一五七七年　天正5年　44歳
巻十
鉄砲玉防御用に、竹たばが使われた。竹たばの初見。

一五七八年　天正6年　45歳
巻十一
信長、相撲・鷹野を盛んに催す。
城攻めに、城楼《せいろう》と大鉄砲のコンビネーションが有効に用いられた。
大坂湾海戦用に、大船六艘建造。大船に積んだ大鉄砲で、毛利の水軍を撃破した。

一五七九年　天正7年　46歳
巻十二
各地から信長へ、鷹・隼《はやぶさ》の献上あいつぐ。
池田和泉守、本邦初の鉄砲による自害。
荒木村重の一類、銃殺刑に処せられる。銃殺刑執行の初見。

一五八〇年　天正8年　47歳
巻十三
信長、ナイター相撲を初興行。
大坂「石山本願寺攻め」結着。
北条氏政、しきりに信長に贈物を届ける。
佐久間右衛門等、失脚。

一五八一年 巻十四	天正9年	48歳	左義長（爆竹）を安土で催す。（初回） 黒人、初来朝。 秀吉の中国出兵で、数千挺の鉄砲が使われる。 信長、提灯で本邦初の安土城ライトアップを行う。 鳥取の干殺《ほしごろし》。鉄砲を使って打ち倒す。
一五八二年 巻十五	天正10年	49歳	正月15日、前年に続いて左義長（爆竹）を催す。 甲斐武田氏、亡ぶ。 鉄砲長竹《だけ》木道幅を広げる。 信長、余勢を駆って、甲斐・駿河一周し、安土へもどる。 本能寺御殿に、明智光秀方から鉄砲を打ち込まれ、信長自害。（六月二日早朝） 嫡男信忠も、二条城で自刃。 家康、堺から桑名経由で熱田湊へ脱出。

浅野 忠夫（あさの・ただお）

1946 年、愛知県岩倉市生まれ。南山大学外国語学部英米科卒業。1970 年から約 30 年アメリカ在住（ロサンゼルス）後、帰国。織田信長、尾張の歴史・地理・文化を探究し、歴史雑誌にも投稿し、掲載された。2021 年 8 月死去。

信長と鉄砲――『信長公記』を読む

2023 年 8 月 10 日　初版第 1 刷印刷
2023 年 8 月 20 日　初版第 1 刷発行

著　者　浅野忠夫
発行者　森下紀夫
発行所　論 創 社
東京都千代田区神田神保町 2-23　北井ビル
tel. 03（3264）5254　fax. 03（3264）5232　web. https://www.ronso.co.jp/
振替口座　00160-1-155266
装幀／菅原和男
印刷・製本／中央精版印刷　組版／ケイデザイン
ISBN978-4-8460-2302-7